はしがき

シリーズ実践仏教第五巻『現代社会の仏教』は、仏教の過去でなく、現代に即した役割を扱う。現代社会に息づく仏教を三章に分けて論ずる。すなわち最初期から重視されてきた瞑想法（精神統制）の今日的特徴を扱う章と、世界の国々の中でも独自の価値を有するブータン王国の仏教を解説する章、現代社会の避けられない課題として長寿と表裏一体の課題である支援介護とターミナルケアという医療において仏教が果たすべき役割を紹介する章である。

第一章「瞑想のダイナミズム――初期仏教から現代へ」は、仏教の最初期から重視されてきた精神の集中・制御という修行、すなわち伝統的な言い方をすれば「禅」（禅定・坐禅など）や「観」（観仏・止観など）の特色とその現代性を解説する。著者の蓑輪顕量氏は日本中世仏教思想史の泰斗として知られるが、インドのデリー大学に留学した経験も有し、瞑想修行の通史的考察や現代的意義についても著書を公刊している、まさに本章にふさしい著者である。

本章は釈迦牟尼とその直弟子たちが活躍したインド初期仏教における瞑想体験から説き起こし、続く部派仏教の時代を経て、中国仏教史における瞑想を天台学の智顗と禅の語録に基づいて解説する。また、それが日本にどのように伝わり、現代にどう受け継がれているかを流ちょうな筆致で説き明かす。紙面の制約もあって蓑輪氏が直接には論じていないインド後期大乗の瞑想法については、シリーズ第一巻『菩薩として生きる』第二章第一節「坐禅と無分別」に示したカマラシーラ（八世紀後半）の説を合わせて読んでもらえれば、理解がさらに深まるだろう。

これほど広い範囲と長い時代を通観する概説は稀少であり貴重である。読者にはインド最初期から東アジア現代へのつながりに思いを馳せていただきたい。

第二章「ブータンの実践仏教と国民総幸福（ＧＮＨ）」は、極めて今日的な、古くてかつ新しいブータン王国の仏教観と宗教政策を扱う。ブータンの仏教はチベット仏教の歴史から生まれたという意味では古い歴史をもつ。その一方で、ＧＮＨという現在の国家政策は現在ならではの新しさをもつ。著者の熊谷誠慈氏は、現に活動しているブータン僧たちと緊密に交流しながら、ブータン仏教を、それ自体として、チベット仏教史の一部として、さらにネパールおよびインドとの関係性として多角的に研究する。氏はブータンをリアルタイムで知っている稀な研究者である。きっと読者の多くが感じるであろうが、熊谷氏はブータン仏教の歴史と現在を、決して手放しで全面的に称賛しているのではない。行き過ぎた楽天的賛美論でなく、不足は不足として、問題は問題として、現実を見据えながらブータンの特色と長所を探ろうとしている。読者は本章からブータン仏教の生きた現状を知り、新知見を得るに違いない。

第三章「現代医療と向き合う」は、仏教が現代社会の医療行為とどうつながるか、また将来も含めてどのように医療に貢献すべきかを取り上げる。著者の室寺義仁氏は滋賀医科大学において、医療倫理との関係から仏教が果たし得る可能性を、特定宗派の制約を離れた立場で教えている。

本章は、まず第一節で、日々刻々と移り変わる現代医療の現状を述べる。そしてそれを承けて第二節は、ビハーラ活動と臨床宗教師をキーワードとして、仏教系の団体や大学がこれまでに実施してきた諸活動を概説する。第三節と第四節では、キリスト教文化圏の諸国が取り組んできた医療倫理を知るため、「生命倫理の四原則」と「黄金律」という言葉の意味を取り上げる。そして第五節「ブッダの教えから学ぶ」では、仏教が医療において果たすべき役割の根幹を、インド初期仏教経典『ダンマパダ』を現代語訳で紹介する形で詳しく解説する。

第五節では敢えて著者の私見をも交えながら、仏教倫理とでも言うべきもののあり方を探り出す。特定宗派の考えを越えて、開祖ブッダの言葉に基づいて仏教の一般的特徴を示そうとする記述から、読者は、細かな理論的分類でない、仏教の根本的なものの見方・考え方を知ることの大切さに気付くであろう。

現代社会における仏教の役割は決して以上の三章に尽きるものでないけれども、少なくとも本巻の内容は、今現在の社会で仏教が果たしうる役割と今後果たすべき役割を知る上で必須の事柄と言ってよいであろう。現代仏教を現代のみと関係するものとしてではなく、二五〇〇年以上に及ぶ過去の歴史の上にある現在として、そして今後さらに展開し続ける未来への礎として本巻を読み、自らの今と切り離せない事柄を様々に考えていただければ幸いである。

現代社会の仏教

目次

第一章　瞑想のダイナミズム

――初期仏教から現代へ――

蓑輪顕量

はじめに

仏教における修行の基本は心の観察、すなわち止観《しかん》にある。止観と言えば一つのもののように感じてしまうが、実際には若干、異なる部分がある。止観は、平たく言えば、心の働きを観察することであり、インド仏教の初期においてはサティパッターナ（satipaṭṭhāna）、訳して念処《ねんじょ》と表現されていたものである。この念処が、やがてその機能からサマタ（samatha）とヴィパッサナー（vipassanā）に分かれたという。それが東アジア世界に入ってそれぞれ止と観と漢訳されることになった。止観と熟語で用いると、一つのものを指しているように思われがちであるが、本来は機能的に区分された別物と考えた方が良い。仏教でいう瞑想というのは、実はこの止観のことである。本章では、この念処と止と観について、歴史的に、インド世界（含む東南アジア）から東アジア世界や日本に、現代にまで、その変遷と受容をたどる。

第一節　インド世界における心の観察

輪廻との関連

インド世界における心の観察の起源は古く、遠くインダス文明の時代に溯るという。その根拠はインダス文明の遺跡から出土したコインに、後代の瞑想姿と同じポーズをした神または人と思われる像が描かれていることにあるが、その真相はわからない。確実なことが言えるのは、ヴェーダ文献（紀元前十二世紀頃から紀元前三世紀頃の間に、アーリヤの人々によって成立した知識書）が成立した後、いわゆるウパニシャッド（ヴェーダ文献の中で最後に成立した、哲学的な考察を含む部分、紀元前八世紀以降）の時代頃からであろう。ウパニシャッド文献の古層の中に、人間の行いが影響力を持つということが重要な視点となることが説かれているが、人間の行いと心の観察が密接に関わったものと考えられる。

ウパニシャッド文献の一つで、紀元前八～五世紀の間には成立したと考えられている『ブリハッド・アーラニヤカ・ウパニシャッド』に、

善業によって善人となり、悪業によって悪人になる。（ヤージュニャヴァルキヤ仙の教え）

（『ブリハッド・アーラニヤカ・ウパニシャッド』3.2.13）

と、行為の重要性が説かれるが、行為を成り立たせているものは私たちの心に生じる働き、すなわち意思である。行為を成り立たせる一番の原因となる意思が無くなれば、行為も無くなる。とすれば、意思、すなわち心の働きそのものを滅することが、輪廻の原因を絶つ一番の近道になると考えたのであろう。インド世界は心の働きに関心を持っていたようで、その関心は、心の働きを昂揚させることにも静かにさせることにも向かい、「促進の道」と「止滅の道」と呼ばれる双方向の心の観察の仕方が開発されていった。ところで、仏教の場合は、後者、すなわち心の働きを静めていく方向に関心が向いたと推定される。この方向性は、いわゆるヨーガと共通のものであった。

ヨーガとは、本来は神々の馬車に馬を結びつけることを意味する語であったが、やがて心の働きを抑制することを指すようになった。

紀元前四、五世紀頃には既にその内実は成立していて、成文化されるのは後代の紀元後二、三世紀頃であろうと推定される『ヨーガ・スートラ』の冒頭部分には、次のような興味深い記述が見える。

心の働きの止滅がヨーガである。　（『ヨーガ・スートラ』一、一、二）

此処には明らかに、心の働きを沈静化していくことがヨーガであると定義されており、目指されていた境地は、心に如何なる働きも存在しない状態であったことがわかる。実際、ヨーガではサマーディ（samādhi）と呼ばれる、何ものも心に生じない境地が最高のものとされる。サマーパッティ（samāpatti）と呼ばれる、心を体の部位のどこか、あるいは事物の何かに結びつける行法から始まり、修行の階梯としては、サマーパッティ、ディヤーナ（dhyāna）、そしてサマーディと順に階梯を上がっていくが如くに表現されている。ディヤーナは心の働きが抑制されて静まる過程で、色界禅《しきかいぜん》と無色界禅《むしきかいぜん》に分けられる。色界禅の最初は初禅といわれ、何かあるのではと探すような働き（尋）と、同じ働きで微細なもの（伺）と、喜び（喜）と安楽な気持ち（楽）のみが生じる状態で、やがてそれらも無くなって、無色界禅に入る。こちらは、空間のみが広がっているように感じられる境地（空無辺処《くうむへんしょ》）から、認識だけがあるのだなと思われる境地（識無辺処《しきむへんしょ》）、何もないんだと感じられる境地（無所有処《むしょうしょ》）、そして気づくのも難しい微細な働きのみが残る境地（非想非々想処《ひそうひひそうしょ》）、そして、最高の境地は、サマーディ（三昧）であった。繰り返しになるが、その境地は、心に何ものも生じない状態であったと考えられる（この境地は仏教の心の観察の中では、滅尽定《めつじんじょう》と名付けられる）。

釈尊の悟り

仏教の開祖になるシャーキャムニ釈迦牟尼《しゃかむに》（以降、釈尊と記述する）も、前述したヨーガの伝統の中に生活していたと言っても過言ではない。釈尊も心の観察を行ったことは伝記等に述べられるように間違いない。苦行時代にアーラーラ・カーラーマ仙に「空無辺処」を、ウッダカ・ラーマプッタ仙に「非想非々想処」を習ったとされ、三十五歳の時に菩提樹下に心の観察をして悟ったと言われる。

ところで、問題になるのは、この菩提樹下における心の観察がどのようなものであったかである。現在の東南アジアの上座仏教の説明（例えば二十世紀初頭にミャンマーで活躍したマハーシ長老の説明など）ではヴィパッサナーいわゆる観を行ったとされるが、伝承される阿含経（アーガマ、伝承された教説の意）からは別の視点が浮かび上がる。菩提樹下の悟りの前後を伝えるとされる経典に『小サッチャカ経』『大サッチャカ経』が存在するが、そのうちの『大サッチャカ経』（マッジマ・ニカーヤ（中ぐらいの長さの経典の集成）、第三六経）によれば、菩提樹下の心の観察による境地が、次のように伝えられている。少々長いが引用したい。

> アッギヴェッサナよ、そこで私は、粗食を摂り、力を得ると、もろもろの欲を確かに離れ、もろもろの不善の法を離れ、大まかな考察のある、細かな考察のある、遠離から生じた喜びと楽のある、第一の禅に達して住みました。…（中略）大まかな考察、細かな考察が消え、内心が清浄の、心の統一された、大まかな考察、細かな考察のない、心の安定より生じた喜びと楽のある、第二の禅に達して住みました。…（中略）欲を離れていることから、平静をそなえ、念をそなえ、正知をそなえて住み、楽を身体で感じ、聖者たちが『平静をそなえ、念をそなえ、楽に住む』と語る、第三の禅に達して住みました。…（中略）楽を断ち、苦を断ち、以前にすでに喜びと憂いが消滅していることからも、苦もなく楽もない、平静による念の清浄のある、第四の禅に達して住みました。…（中略）その私は、種々の過去における生存を、たとえば一生でも、二生でも、三生でも、（中略）数多の破壊と創造の劫でも、つぎつぎ思い出すのです。…（中略）アッギヴァッサナよ、これが、夜の初分に私が証得した第一の明智です。
>
> （片山一良『パーリ仏典』中部第一期2根本五十経篇、二一六―二一八頁）

この後には生けるものたちが自分の行った業に従っていくことを第二の明として、また煩悩から離脱したという智が生じ、「生まれは尽きた、梵行は完成された、為すべきことはなされた。もはやこの状態の他にはない」ということを知ったという第三の明智が生じたと記される。

ここに登場するものは三明であり、いわゆる宿明《しゅくみょう》智《ち》明《みょう》（過去世を見通す）、天眼明《てんげんみょう》（未来の衆生の生と死を見通す)、漏尽明《ろじんみょう》(煩悩を断滅したと知る)のことである。これらは、後代には、心の働きが静まっていく禅定の中で得られるものとされる。ここから推測されることは、釈尊も、最初は伝統的に心の働きを静める観察、いわゆる後の止に分類される観察を、菩提樹下の段階では行っていただけなのかも知れない、ということである。

図1　ブッダが悟った地・ブッダガヤの大塔

このように考えれば、パーリ語で伝えられた、サンガの規則を述べる『律蔵』の大品に伝承される最初の成道《じょうどう》の後、一週間、その境地を楽しんだという記述が新たな意味をもって受け止められる。一週間、その境地を楽しんだということが、一週間、その境地から出てこなかったことだとすれば、いわゆる滅尽定《めつじんじょう》を体験したということが想定されうる。

では、仮に釈尊の心の観察が、最初はヨーガの伝統と異ならない形で始まったとすれば、心の観察に関して、釈尊ならではの特徴は、一体、何時から登場したのだろうか。その時期を特定することは困難であると思うが、心の観察は、念処すなわちサティパッターナ(satipaṭṭhāna)として登場する。そしてそれは、入る息、出る息の観察、身体の観察、不浄の観察、心の働きの観察など、多くの種類があり(下田一九八五)、その特徴は、複数のものの観察にあったと推定される。実際、それは入る息と出る息の観察によく現れている。『出入息念経《しゅつにゅうそくねんきょう》』と訳された *Ānāpānasati-sutta* には、入る息、出る息をそのまま見るだけではなく、「全身を感知して」あるいは「身行を静めつつ」と、同時に複数のものを観察する形態が説かれている。その一例として次の記述を挙げておく。

比丘たちよ、比丘は――〈私は喜びを感知して出息しよう〉と学び、〈私は喜びを感知して入息しよう〉と学びます。〈私は楽を感知して出息しよう〉と学び、〈私は楽を感知して入息しよう〉と学びます。

（片山一良『パーリ仏典中部（マッジマニカーヤ）後分五十経篇』第一期五、二九七頁）

ここでは、ほぼ同時に二つのことを観察している。このように二つのもの、やがては短い時間の中に複数のものを観察することも可能になっていくが、この観察のあり方が、やがてヴィパッサナー（観）と呼ばれる観察法になったものと思われる。

止は観察の対象が一つのものに限定されて進められる場合を指している。つまり、観察の対象を一つのものに限定して観察し続ければ、心は沈静化する方向、すなわち止に向かい、観察の対象を同時または複数のものにして観察し続ければ、観に（そしてその特徴を先取りすれば、戯論《けろん》の生じない方向に、またその先では無分別《むふんべつ》の方向に、心が整えられる）進むと位置づけられるのである。

念処――釈尊の心の観察法

釈尊の心の観察は、念処（satipaṭṭhāna）と呼ばれた。この語は念を起こす、念を置くなどと訳されている。paṭṭhāna の語はサンスクリット語に置き換えた時に prasthāna と upasthāna の二つが考えられ、前者に解釈すれば「起こす」、後者に解釈すれば「置く」の意味となる。sati は念と訳されているが、対象を捉える、対象に注意をふり向ける心の働きであるとされる。注意をふり向けるというのは、対象に対して、あたかもひもで結んだかのように心を集中させ、気づいていることを意味するという。

さて、此処で注意をしなければならないのが、心の観察に関する経典の中では、一般に念 sati と正知 sampajañña という用語がセットで出てくることである。心の観察の時にはこの二つの用語がいつも登場するのであるが、この語の意味するところの心作用を定義しておく必要がある。

林隆嗣の研究に依れば（林二〇一九）、この二つの用語はほぼセットで用いられており、念は注意をふり向ける心作用、正知は対象をそのままに了解しかつ言語的にも把握する心作用として理解できるという。さて、林の研究の中で注意を引くのは、パーリ聖典の中ではサティ・サンパジャンナ（sati-sampajañña）という定型句で表現されることが多いとの指摘であった。つまり、『念処経』（サティパッターナ・スッタ、念処に関して述べるパーリの経典、後代に整理されたものと言われる）の中では正知（サンパジャンナ）が先に出され、念（サティ）が後に登場する表現（「正知をともない、念をともない」と翻訳される）であるが、若干、異質であるということである。ちなみに先に引用した『大サッチャカ経』では「念をそなえ、正知をそなえて」（『同書』、二二一頁）との表現であり、念が先であり、その他の経典でも、念と知の順である。

また、千房りょう輔の研究の中で（千房二〇一八）*Milindapañhā*（『ミリンダ王の問い』と訳されるパーリ経典、ナーガセーナ比丘とミリンダ王の対論を伝える）に見える念（サティ）の定義の紹介があるが、実は、これがとても興味深い。『ミリンダ王の問い』は、その成立から考えて原形は紀元前一世紀頃の成立であるとされるから、比較的早い時期のものと考えられる。もっとも、全文が古層のものとは考えられていないので注意を要するが、次のように念（サティ）の特徴が示されている。

王は言った。「尊者ナーガセーナよ、sati とは何を特徴とするのか」と。「大王よ、sati は数え上げることを特徴（apilāpanalakkhaṇā）とし、また掴むことを特徴（upagaṇhanalakkhaṇā）とします」

（*Milindapañhā*, Pali text Society, p. 37：5–7）

ここでは「数え上げること」と訳されているが、動詞語根は√「lap-であり、これは唇の動きからきており、英語の lip（くちびる）と関連している言葉である。動詞の√「lap-に、語る、話す、唱える、ぶつぶつ言う、などの意味があるので、明らかに sati は言葉が介在して（音声を伴うかどうかは不明であるが）、対象を心の中で言葉を使って捉えていると考えられる。また次の upagaṇhana（掴むこと）は√「gah-（サンスクリットでは√「grah-）からきている言葉で、捉える、赴く、などを意味する言葉であるから、対象をきちんと把握していることを示していたと考えられる。とすると、サティ（sati）一語で、対象を言葉で捉えることと、言葉を介在させずに対象を捉えることの双方を意味していたと考えられる。このことから推定すれば、念処（サティパッターナ）の実践は、対象を言葉でも確認しながら、しかも確実に対象を了解することであったのではないだろうか。いずれにしろ、念（サティ）と正知（サンパジャンナ）と表現したときには、二つの心の働きとして明確に認識されており、少なくとも、ある時期には、サティは言語と密接に関連していたことが示唆される。

また、対象を実際に了解する心の働きが正知（サンパジャンナ）であるとすれば、そこには言語機能が生じないレベルでの対象の把握を可能とする、何らかの心の働きがあることに、すでに仏教者たちが気付いていたことになる。それは、念（サティ）と正知（サンパジャンナ）という二つの用語が、常に観察の文脈では併用されていることから、釈尊の頃からと推定してよいであろう。そして、対象を了解する心の働きが、動詞√jñā（サンスクリット語では√jñā）で表現された可能性は高い。

なお、この系列の言葉が、如何に重要な意味を持っていくのかは、後代、般若経典が成立していったことを考えれば十分であろう。

念処の目的

では何故、このように対象を把握することを実践する必要があったのだろうか。その理由は『念処経』（『サティパッターナ・スッタ』）の冒頭部分の記述が参考になる。そこには次のようにある。

比丘たちよ、この道は、もろもろの生けるものが清まり、憂いと悲しみを乗り越え、苦しみと憂いが消え、正理を得、涅槃を目の当たりに見るための一道です。すなわち、それは四念処です。
（片山一良訳『パーリ仏典　中部（マッジマ・ニカーヤ）』根本五十部経篇Ⅰ、一六四頁）

念処は、悩み苦しみを超える唯一の道であることが、その実践の理由であったのだと考えられる。念処の内容は次のように示される。

比丘たちよ、ここに比丘は身において身を観つづけ、熱心に、正知をそなえ、念をそなえ、世界における貪欲と憂いを除いて住みます。もろもろの受において受を観つづけ、熱心に、正知をそなえ、念をそなえ、世界における貪欲と憂いを除いて住みます。心において心を観つづけ、熱心に正知をそなえ、念をそなえ、世界における貪欲と憂いを除いて住みます。もろもろの法において、正知をそなえ、念をそなえ、世界における貪欲と憂いを除いて住みます。
（前掲書、一六四頁）

具体的には身体における動き（入る息、出る息の観察が身として最初にあげられる）が観察の対象としてあげられ、日常の動作も、すべて観察の対象となる。次の受は感受作用であり、「楽を感受すれば〈私は楽を感受する〉と知ります」から、苦、非苦非楽の感受を知ることが示される。心では貪りの心、怒りの心、愚痴のある心、萎縮した心、散乱した心、大なる心、安定した心、安定しない心などを知る、と示される。法としては、五蓋《ごがい》が良く示される。五蓋は、心の観察の時にだれもが経験する心の働きであり、それゆえに法に区分されるといい、欲貪《よくとん》、瞋恚《しんに》、沈鬱《ちんうつ》と眠気、うわつきと後悔、疑いという五つが挙げられる。

なお、法として蓋、蘊《うん》、処、覚支《かくし》、諦《たい》の五種が数え上げられ、それぞれ五蓋、五取蘊、十二処（六つの内処（眼等の六根）、外の六処（色等の六境））、七覚支（念、法の吟味、精進、喜び、軽快《きょうかい》、禅定《ぜんじょう》、平静）、四諦のことである（片山一良『ブッダのことば――パーリ仏典入門』、二〇〇八年）。

このように対象を把握し了解することによって、悩み苦しみから解放されることが説かれるが、具体的にはどのようなことが起こるのであろうか。このことを考える際に、次の経典の記述が参考になる。

> およそ苦しみが生ずるのは、すべて識別作用によって起こるのである。識別作用が消滅するならば、もはや苦しみが生起するということはありえない。（七三四偈）
>
> 苦しみは識別作用に縁って起こるのであると、この禍を知って、識別作用を静まらせたならば、修行者は、快をむさぼることなく、安らぎに帰しているのである。（七三五偈）
>
> （中村元訳『ブッダのことば――スッタニパータ』、一九五八年）

苦しみの原因は識別作用によって、すなわち外界を認識することから生じると捉えている。そして、次なる働きが生じることは第二の矢とも表現された。サンユッタニカーヤ（相応部経典、内容の主題によって分けたもの）の次の記述を見てみよう。

比丘たちよ、聞をそなえていない凡夫は、苦受に触れられると、悲しみ、疲れ、悲泣し、胸を打って泣き、迷乱します。彼は二の受を感受します。身に属するものと、心に属するものです。比丘たちよ、たとえば、男性を矢が射抜くとします。直ちに第二の矢が付随の傷を射抜きます。比丘たちよ、このようにして、その男性は二の矢によって受を感受します。比丘たちよ、ちょうどそのように、聞を備えていない凡夫は、苦受に触れられると、悲しみ、疲れ、悲泣し、胸を打って泣き、迷乱します。かれは二の受を感受します。身に属するものと、心に属するものです。しかもまた、その苦受に触れられると、いかりを懐く者になります。

（片山一良訳『パーリ仏典　第三期相応部（サンユッタニカーヤ）、六処篇Ⅱ』　第二受相応、六矢経、二〇一八、四六頁）

つまり私たちの日常においては、心は第一の矢を受けると直ちに第二の矢に相当する働きを起こし、それが悲しみであり、迷乱などの苦であると釈尊は分析した。そして、そのような第二の矢を起こさないことが目指されたのである。つまり、今の一瞬一瞬を知ること、すなわち観ることは、第二の矢に相当する心の働きを生み出さないように心を整えることを可能にした。

初期の仏教では、第二の矢、すなわち次から次へと連続する心の働きは戯論（パパンチャ、papañca）

と称されるが、この戯論こそが悩み苦しみを生み出す正体であると位置づけられた。この戯論の働きが抑制されていくことが、今の一瞬一瞬を了解することから実現されることを、釈尊は発見したと言い換えても良い。ここは、仏教の観察が現代にも通じるところであり、現在、この観察法はマインドフルネスと命名され、心理学や教育学、脳科学の世界でも、脚光を浴びるようになっている（後述する）。

五蘊の発見

初期仏教の中で盛んに説かれる五蘊《ごうん》（色・受・想・行・識）も、心の観察から導き出される。五蘊の発見に繋がる最初の入り口は、捉まえられる対象（色 rūpa）と捉まえている心の働き（名 nāma）との分離であると考えられる。私たちの認識は、実際には瞬時に起きていて捉まえられる対象と捉まえられている心の働きに気付くのは容易ではない。しかし、対象を気づき続けていると、ある瞬間に捉まえられる対象と捉まえている心の働きがあることに気付く。これが「名色分離知《みょうしきぶんりち》」と呼ばれるものである。これが体験されると、すぐさま、二つの働きがあって認識が成立しているという理解が生まれる。

このように二つに分けて認識する事ができると、やがて詳細に、捉まえられているものは心の中に描き出された影像であり（これは識 viññāṇa と呼ばれる）、捉まえている心の働きが別に存在することが分かる（想 saññā と呼ばれる）。次第に心の中に認識とともに苦という感受（受 vedanā）、楽という感受、苦でも楽でもない感受が生じていることも捉まえられるようになる。これが受である。さらには、想が働いて対象を何々であると認識している時には、すでにそれを知っているから、あるいはまた何かを見間違えるという体験が存在することから、想や識が働くときに、その背後で動いている何らかの心の働きがあることも、認められるようになる。これが行（saṅkhāra）と呼ばれるものとなったと推定される。そして、この行こそが一番、問題になるものと考えられる（山口二〇一〇）。

　こうして五蘊の存在が確かめられることになる。ところで、用語の上では注意が必要で、初期仏教では描かれた対象がviññāṇaと呼ばれ、捉えている働きがsaññāとされることが多い。しかし、後代には意味が逆転し、描かれた対象がsaññāと呼ばれる。漢訳では、姿かたちを意味する「相」の字に「心」を足して、心の中に描き出された姿かたちという意味で「想」の字を用いる。また想の意味は範囲が広いようで、影像を描き出していく働きも、同じ語で表現される。いずれにしろ、念処（サティパッターナ）の実践の中から、五蘊の存在が気づかれていったことは間違いない。以降、後代の漢訳に基づいた理解を優先させて、捉えられる姿かたちの方を「想」、捉えている心の働きの方を「識」と表現する。

　ちなみに捉えられる対象としての想saññāは、私たちの感覚器官を通じて取り込まれたものが感覚機能と相まって生じた結果とみることができるので、仏教では感覚器官（感覚機能を含めて）、取り込まれる対象、そして生じる認識というカテゴリーを大切にするようになった。これが六根《ろっこん》、六境《ろっきょう》、六識《ろくしき》である。このように人間の認識の構造に焦点が当たるので、仏教は、たとえば、六派哲学の一つであるサーンキヤが説く、行為器官や生殖器官などの諸器官を、積極的には説かないのであろう。

　名色の分離がもたらすもう一つの重要な視点は、縁起の理法の原形を作った可能性があることである。

というのは、捉えられる対象が存在するときに、捉えている心の働きも存在している、また捉えられている対象が無くなれば、捉えている心の働きも無くなるという、一方的な関係性が容易に導き出せるからである。このように認識することができれば、容易に縁起の一方的関係性にたどり着く。

また呼吸の観察であれば、入る息、出る息の観察は、生滅を繰り返しているものの観察であるから、生じたものは滅するものである、という道理を自然に導き、またそこから無常、苦、無我の三法を容易に実感できるようになる。つまり名色の分離から縁起の理法へ、また無常、苦、無我の体得へという流れも存在していることを、まずは確認しておきたい。

そして、このような方向に向かっていく観察が、やがて観と呼ばれるようになる傾向が存在する。なお、現在では一般に念処というよりも止観という表現の方が、東アジア世界では一般化している。では、この止観という用語は何を意味するのか、次に確認しておきたい。

止観の内実

止はサマタ、観はヴィパッサナーの訳語である。この語の登場の時期は、中村元博士の研究に依れば、釈尊の没後、アビダンマ文献（註釈書のこと）が成立してからであろうという（中村一九七五）。その時期を特定することは困難なようであるが、念処（サティパッターナ）と呼ばれた観察方法が、その機能から二つの方向性のあることが意識され、自然と分かれたと考えられる。

機能的に考えれば、止は心の働き全般の沈静化に向かう。この時の観察の対象は一つのものに限定されている。一番一般的なものが呼吸の観察である。一つの対象を気づき続けていると、次第に心の働きは静かになっていく。他の心の働きが起きないようになっていくからである。何故、そうなるのかは説明がないが、恐らく体験の中から気づいた、体験智の世界だからなのだろう。体験智、臨床智としか言い様がない。また何か一つのものを対象として集中していても、心の働きは静かになっていくので、単に一つのものに集中しているのみでも良いとされた。体の部位に心を結びつけることや外界の事物に心を結びつけることも、心の働きの沈静化に向かうので、やはり止の範疇に入ることになる。

心の働きの沈静化に向かう方向性を持った念処の観察が、止（サマタ）と呼ばれるようになったと考えられる。そしてこの観察は三昧から禅定（色界禅に入るか、または無色界禅へ入ると捉えられたが、後代には、色界禅から無色界禅に連続していくものと捉えられた）、最終的には滅尽定《めつじんじょう》に至ることになる。ちなみに滅尽定に至ると、通常では三、四日、長くても一週間で普通の状態へと戻ってくるとされるが、二十世紀初頭のインドではハリダースという者が一ヶ月入っていたという例が報告されている（松本一九〇七）。なお、色界禅から無色界禅へは連続しているように説かれることが多いが（九次第定という）、初期の経典では、それぞれ単独で説かれている場合も見られる。

一方、観の方は、観察の対象を一つのものに限定せず、複数のものを、あるいは同時に気付く方法である。念処の基本である、対象を気付くことは止（サマタ）と異ならない。しかし、こちらは短い時間の間に複数のものを気付きの対象としたり、あるいは同時に気付きの対象としたりするので、心そのものの働きは多忙となる。感覚器官を通じ、認識の対象となるものは、常に心の中に描かれ続けていくので、それは、感覚機能は日常と変わらずに動いていることを意味する。そして、そこで生まれた捉えられる対象を一つずつ気付いていることになるので、心の働きは多忙であるということができる。この観察を繰り返し修習していれば、心の働きは常に今の一瞬一瞬を気付くことのみに動くようになる。現代の心理学の表現を借りれば、そのような認識のあり方を回路と呼び、心に「回路ができる」と表現するが、修習によってそのあり方が定着すると位置づけられる。

さて、このように心に常に今の一瞬一瞬を捉える回路ができると、それが習い性になっていく。そうすれば、認識を切っ掛けにして生じる第二の矢、すなわち戯論《けろん》（認識から生じる次から次へ続く心の反応）を起こすことが無くなっていく。ここに、釈尊の心の観察の真骨頂があることは、先にも述べたとおりである。

ところで、一つ一つを異時にまたは同時に気付くとして、気付かれる対象があまりにも多くになりすぎた場合は、どのようなことが起こるのだろうか。ここには脳科学の推定が入るが、脳の働きの容量オーバーが起き、脳は言語や気付きの働きを一切、停止させることが生じるという（熊野二〇一六）。おそらく仏教が述べる無分別の状態が、これに相当すると考えられる（船山二〇〇四）。無分別の状態の時、捉えられる対象は依然として成立しており、それを捉えている微細な働きも残っていると推定せざるを得ないが、ただ、色と形だけが残った曖昧に見える世界（繋がって見える世界と言っても良い）が出現する。

つまり対象を言語的に捉えることも、また明確な形で了解する働きも、双方共に喪失するが、曖昧な形で捉える働きは残っていると考えられる。また、この境地は、しばらくの間は継続するようであるが、すぐに普通の状態に戻る。

　ちなみに、このような理解は『阿毘達磨倶舎論《あびだつまくしゃろん》』巻二に登場する三種分別や『阿毘達磨順正理論《あびだつまじゅんしょうりろん》』巻七三、辨智品《べんちほん》の中に登場する三種の現量（大正二九、七三六上）と、ほぼ対応するように思われる。『阿毘達磨倶舎論』巻第二、分別界品では自性分別《じしょうふんべつ》（自ら持った性質としての分別）、計度《けたく》分別（はかり推度する分別）、随念《ずいねん》分別（そこから生じた言語的な分別）（大正二九、八中）と表現され、『阿毘達磨順正理論』では、それは依根現量《えこんげんりょう》（感覚器官によって捉えられた直接知覚）、領納《りょうのう》現量（感覚器官によって捉えられた対象を他と区別だてして受け止める直接知覚）、覚慧《かくえ》現量（その受け止められたものに対して、何々だという把握が生じた、すなわち言語によって捉えられた直接知覚）と表現されるが、無分別の状態は、自性分別または依根現量のみが存在する状態であると考えられる。なお、このような状態を体験した修行者は、他者への慈しみの思いが強く発現するようになるという。

論典が伝える展開

　パーリの論典で心の観察を説くものとして有名なものが、紀元五世紀頃の成立と考えられている『清浄道論』*Visuddhimagga* であることは言をまたない。しかし先行する資料群の中に興味深い視点が生じていたことも忘れてはならない。それは止と観を実習する場合に、その順番が議論されるようになったことが伝えられているからである。念処がその機能から二つ、すなわち止と観とに分かれたと推定されることは既に述べたが、では実習の上では、どのような順番で行えば良いのかが、新たに議論されるようになったと考えられる。

止と観との順列の組み合わせと考えれば、止を実習し観へ進む、観を実習して止に進むという二つになってしまうが、実際にはもう少し複雑であった（プラポンサック二〇〇七、二〇〇九）。それは、大きく分ければ次の四つになろう。

① 止を修めてから観に移行する
② 観を修めてから止に移行する
③ 止と観とを交互に繰り返しながら修行する
④ 観のみの修行を行う

止は観を支えるものであるとの視点から、止は三段階に分けられるが、（一）完全に没頭した集中状態（アッパナー・サマーディ、appanāsamadhi）、（二）没頭に近い集中状態（ウパチャーラ・サマーディ upacārasamadhi）、（三）瞬間的な集中状態（カニカ・サマーディ kanikasamādhi）の相違があるという（井上ウィマラ・葛西賢太・加藤博己編『仏教心理学キーワード事典』「止観」の説明を参照）。

なお、このような修習の順番によって、その結果に相違があるのかどうかはよく分からないが、東アジア世界に紹介され標準となったものは、止を十分に修習してから観に進むものであったと思われる。基礎学として修学されるようになった『阿毘達磨倶舎論』の中には「止を十分に修し終えたので観に進む」という記事が見えており、この記述に基づけば、止から観へという流れが、後代の標準であったと思われる。

なお、観察の対象は業処（カンマッタナーナ、kammaṭṭhāna、観察の際に心の働きを振り向ける対象となるもの）と呼ばれるが、業処の例が『清浄道論』では四十種類、挙げられている。それらは十遍処《へんじょ》・十不浄・十随念・四梵住《ぼんじゅう》・四無色禅・食に対する嫌悪の観念・四大に対する分析である。遍処は身の回りに満ちていると観察するもので、地、水、火、風、青色、黄色、赤色、白色、空間、意識の十種類を観察の対象とする。十不浄は遺体の腐敗していく段階を十に区分したもので、膨張《ぼうちょう》、青瘀《せいお》、濃爛《のうらん》、断壊《だんえ》、食残《じきざん》、散乱、斬乱《ざんらん》、血塗《けつず》、虫聚《ちゅうじゅ》、骸骨の十種類を指す。十随念は、仏随念、法随念、僧随念、戒随念、喜随念、神随念、死念の修習、身至念の修習、入息出息の修習、寂静《じゃくじょう》随念の修習が挙げられる。寂静随念の修習は、無為、真実、不死などの良い言葉の意味を、正しく知り、心で確認することである。これ以外に、梵住の修習（慈・悲・喜・捨）や、四無色界禅の修習や、食に対する嫌悪の観念の修習、そして最後に、四大（地・水・火・風という四つ、この世界の構成要素）に対する分析という修習が、挙げられている。これらを一つずつ気づき続けていれば止の行法になることは疑いなく、また複数、気づくようにしていれば、観の世界に入っていけることも間違いないであろう。

また、漢訳の資料の中からも興味深い展開が見て取れる。それは観の観察が何の修得のために実践されるのかで、新しい位置づけを生み出していたことである。『阿毘達磨大毘婆沙論《あびだつまだいびばしゃろん》』巻第六、「雑蘊《ぞううん》」の次の記述を見てみよう。

五取蘊において、有為縁生の法の中に起作し、此れは是れ無常・苦・空・無我なりと思量観察す。（大正二七、二六下）

従来、観の観察では、それを行っていると次第に無常、苦、無我の三つが自覚されるようになると説かれていたが、『大毘婆娑論』では、ここに新たに一つ「空」が付加され、「無常であり、苦であり、空であり、無我である」ことが体得されるという体系に変化していたことが知られる。このことは既に指摘されているが（Gethin 2001）、重要な変化である。本書はカニシカ王一世の治世に編集されたという伝承を持つことを重視すれば、紀元後二世紀には、すでにこのような変化が生じていたと考えられる。そして、空が大乗仏教の特徴の一つである事を考えると、大乗が興起して以降に、実践のうえでも観のもたらすものに変化が生じたということになろうか。これは身体、感受、心の働き、法を業処として観察する事が四念処であるとされていた初期の段階から、四念処という観察を続けると、やがて生じるであろう知、すなわち無常、苦、無我であることを身体などにおいて観察することが四念処であると、体験される結果が、逆に正面に出されて示されるようになったと考えられる。さらにその目的に、空の体得が追加されたと言うことができる。

つまり、四念処が、無常、苦、空、無我の四つを確認する行法として、新たに位置づけ直されたのである。この段階に至れば、無常、苦、空、無我という理法を体得することが観であるという解釈が正面に出るようになる。

　ところで、このような理解が登場したのはいつ頃であろうか。『大毘婆沙論』が最初期のものであることは間違いないと思われるが、大乗の経論の中にも、同様の記述を見いだすことができる。その代表的なものが『大智度論』、大乗の『涅槃経』、『維摩経』、『大般若経』などである。なお、言葉の働きが意識されたことも論典に見られ、たとえば八宗の祖とされるナーガールジュナ（龍樹、一五〇頃〜二五〇頃）の著作である『中論』には、「言語の道を断ずれば、様々な戯論は滅する（「断言語道、滅諸戯論」大正三〇、一〇下）との言辞があり、戯論のもとは言語であると意識されていたことがわかる。

第二節　東アジア世界における止観の受容と展開

入息出息観と不浄観

　東アジア世界に、仏教の心の観察方法が紹介された時期が何時なのかは特定できないが、仏教が紹介されて僧侶が来たときから始まっていたと考えて大過は無いと思う。仏教が中国に入ったのは紀元後一世紀の半ば頃、明帝が夢に金人を見た、あるいは南方の楚の国の王が、黄老の道とともに浮図（仏陀のこと）を祀ったとの『後漢書』の記事が最初とされる。そして実際に、異国の僧侶が留め置かれたところが、後漢代の外交を司る役所であった鴻臚寺《こうろじ》であり、一説には、これが僧侶の居住する場所が寺と呼ばれるようになった起源とされるのであるが（本来、「祠」や「時」であったとする説もある）、このことから逆に考えて、後漢の時代には南アジア又は中央アジアの僧侶が既に中国に入っており、修行の実践を伝えたことが十分考えられる。

　では最初期に実践されたものは、どのような内容であったのだろうか。まず考えられるものは一番の基礎である入息出息《にゅっそくしゅっそく》の観察であろう。これは中国に伝統的に存在した気を鍛錬するための呼吸法である吐納《とのう》（空気を吐いて納めること）との関連を推定することができる。気を鍛錬するための呼吸法は、戦国時代の『行気玉杯銘《ぎょうきぎょくはいめい》』が最初とされ、身体の中を上下する呼吸が紹介されていた（石田一九九二）。身体の中を上下する呼吸というのは、息を吸うときには踵から頭の方に向かって目には見えない何かが動いていくのを感じ取りながら息を吸い、息を吐くときにはその逆で、何かが下がっていくのを感じ取りながら息を吐くことであった。この時、心は必然的に身体の中を動いていく何か、すなわち気に結びついている。しかもこの確認が呼吸と連動して行われている。ここには明らかに心一境性《しんいっきょうしょう》、すなわち三昧と同質の実践を見ることができる。とすれば、仏教の入る息と出る息とを観察する入息出息観は、直ちに吐納との重なりを推定することができ、あまり警戒されることなく、中国の人々にも受容されたであろう。つまり仏教の入息出息の観察は、中国の伝統的な黄老《こうろう》の道とも異ならないとする安心感をもって受容されたものと思われる。

　しかし、実際に初期に実践された仏教の修行が、入息出息の観察だけであったとは言えないようである（Greene 2014）。後漢時代から三国時代にかけての仏教の修行を具体的に実践したと伝える資料を寡聞にして知らないが、経典が翻訳され、それが実習の手引きになったことは十分に考えられるので、翻訳経典の内実が、実際の実践の内容と関連していたと仮定して考察を進めたい。

最初に注目されるのは安世高《あんせいこう》（?～一四八～?）の翻訳になる『安般守意経《あんぱんしゅいきょう》』である。安世高は仏典の翻訳で最初期に登場する人物であるが、この経典の記述に依れば、入息出息はサンスクリット系の原語の音写である安般 ānāpāna の用語をもって紹介されており、入息出息の観察が基本として存在したことが確認できる。しかし、実際には呼吸の観察とともに不浄の観察が伴っていることが示されている。

さらには観仏経典と命名される経典群の中で、その初期に翻訳されたと考えられる『般舟三昧経《はんしゅうざんまいきょう》』が注目される。この経典は支婁迦讖《しるかせん》によって一七九年に翻訳され、仏像の存在を説いていることで注目されるものである。インドに仏像が登場したのは紀元一世紀前後と推定されるので（高田一九六七）、本経の成立はそれ以降であろうと考えられるが、この経典には、「念仏」と表現されているが、仏の姿を観想する実践と、その実践によって仏が修行者の目の前に現れる仏立三昧が説かれている。

ところで、修行者の眼前に仏が立ち現れることが実際にあるのだろうか。この疑問に対しては、インド仏教の修行の一つとされるカシナサマーディ kasinasamādhi と関連づけて考えれば、理解ができるように思う。カシナサマーディは「遍による三昧」と訳され、地が遍満している、水が遍満している、などと観察していく三昧である。その内の一つである地遍において、土の円盤を作り、それを目の前に置いて、集中していくという方法が採られることがある。そして、その集中が進むと、その姿形が脳裏に焼き付いて、目の前から土の円盤を撤去しても、土の円盤がずっと見え続ける境地までいくという。この段階を、相《そう》 nimitta を取った状態と表現するが、このことと同じことが、仏像を目の前に見て、集中を続けていった時にも起きているのではないだろうか。このような集中状態に至れば、眼の前に仏像が無いとしても、仏像の相が取れていれば、行者の眼前に仏が立ち現れることはあり得ると考えられる。

南北朝時代における心の観察

南北朝時代の最初、四世紀後半から五世紀前半にかけて注目される人物は鳩摩羅什《くまらじゅう》（三四四〜四一三、一説に三五〇〜四〇九）である。彼の門下生である竺道生《じくどうしょう》等が協力して翻訳したとされる経典が『坐禅三昧経』であるが、本経は、瞑想に関する数種の梵本から重要な箇所を抜萃して、翻訳したものであると伝える（蔵輪二〇〇三）。興味深い成立の経緯を持つのであるが、止を中心とした心の観察が説かれ、しかも小乗と大乗の観察として分けて説かれる。まず上巻に紹介される小乗の観察は、それぞれの観察が、どのような状態の人に相応しいのか、即ち「対治」という視点から説かれる。

最初に説かれるものは貪欲の多い人を対象に、その貪欲を対治する観察として「不浄観」が説かれる。また瞋恚《しんに》の多い人には慈心観を、愚痴の多い人には界分別観を、あれこれと考えてしまう事が多い人には入息出息観を、というように、いわば人の性質に応じて観察をすべきであることが説かれる。ここで注意すべきことは「観」という名称が付いているが、インド仏教のところで確認したような戯論を消滅させるためのヴィパッサナーの意味ではなく、ただ観察するという一般的な意味で「観」の字を使用している点である。また、それぞれの観察の中で、常に次のような言及が登場する。

他を念ぜしめず、外に諸縁を念じたら、念を収めとって元に戻りなさい。

（大正一五、二七二上）

この言葉から常に観察の対象を一つのものに限定しようとしていることが知られるが、これは、観察の効能という視点から考えれば、明らかに心の働きを静めていく「止」の範疇に入る。もう一つ興味深い言及は四念処に関する言及が、「四念止」として翻訳されていることである。これは、四念処が本来は身体、感受、心（心が起こす情動）、法に対する観察を説いたのみで、その方法の如何で、後代に止と観とに分かれたことに鑑みれば、さほど問題ではないかも知れない。しかしながら、「四念処」が「四念止」とされ、心の働きを静める方向に理解されていることには注意しておきたい。また、「内身を観じ、外身《げしん》を観じ、内外身を観」（大正一五、二七八下）ずると述べるところは、自己の身体のみではなく他者の身体も観察の対象としたことを意味しよう。常に他者が念頭に置かれていたことは大事なことであろう。また念仏も修行の一つであった。

> 若し行者が、仏道を求めるのであれば、禅に入り、先ず十方三世の諸仏の生身に心を繋ぎ専念するのがよい。（中略）衆生を（彼岸に）渡して仏道を得さしめるために、このように念じこのように願うならば、これを菩薩の念仏三昧とする。
> （大正一五、二八一上〜中）

仏の姿を観想する念仏三昧に誓願が伴っていれば、菩薩の修習すべきものとなっていたことは注目したい。また、この『坐禅三昧経』には仏像が観想の対象として登場する。仏像を前にして仏の姿を念じる修行が継承されているのである。

図２　天台智顗の没した江南の石城寺

天台の止観

六世紀には、心の観察という点で、何名か有名な僧侶が存在する。その内の一人が天台大師智顗《ちぎ》（五三八～五九八）である。中国における心の観察でもっとも画期となる出来事は、天台大師智顗が止観の体系を整理したことであろう。智顗はその実践を慧思《えじ》禅師（五一五～五七七）から伝えられたという。智顗には『次第禅門』『六妙法門』『修習止観坐禅法要』『摩訶止観』など、多くの心の観察に関する著作が残されている。ここでは『修習止観坐禅法要』（『童蒙止観』あるいは『天台小止観』とも呼ばれる）や『摩訶止観』に基づき、簡潔に述べたい。

智顗の行った事として最初に注目されるものは、観察の対象を示すときには境《きょう》との語を用い、四念処に代わる新たな分類方法である「歴縁《りゃくえん》」と「対境《たいきょう》」という新しい範疇分けを行ったことである。インド仏教では観察の対象は業処と呼ばれ、四念処が基本であったが、「歴縁」は文字通りに「縁を歴《へ》て」すなわち自らの行動を対象にして気づくもので、行、住、坐、臥、作々《ささ》、言語《ごんご》の六つが挙げられる。順に、歩くこと、立っていること、坐っていること、横になっていること、様々な行動、そして言葉であるが、これらが気づきの対象として設定された。「対境」は文字通り「対象に対するもの」で、人間の認識の対象になるもので、色、声、香、味、触、法が該当する。こちらは、色形（いろかたち）、音声、香り、味、皮膚感覚の対象、そして心による認識の対象になるもの、である。

このように、気づかれる対象は二つの範疇に分類されて提示されたが、自らが起こす行動的なものと、外界からの刺激を受け止める受動的なものという、二つの分け方の方が伝統的な四念処より分かり易いように思われる。そして、止と観とは次のように分けられた。

今、止観を修するのに二つの意があることを明かす。一には止を修するのに、おのずから三種類がある。一には縁につなぎ対象を守る止である。いわゆる心を鼻の端や臍の間などにつないで、心を散乱させない。だから経に言う、心をつないで放逸にさせない、（それは）また猿を鎖につなぐようなものである、と。二つには心を制する止である。いわゆる心の起きるところに随って、すぐさまそれを制して馳せ散ぜしめない。だから経に言う、この五根は心をその主としている。このようなわけで、汝等は心を止めることを好むべきであろう、と。この二種類は皆、具体的な姿であって、分別する必要はない。三には体真の止である。いわゆる心の念じる対象であるあらゆる諸法に随って、それらは悉く因縁より生じ、自性はないと知れば、心は（他の働きを）取らない。心が取らなければ、妄念の心は止む。だから止と名づけるのである。
（大正四六、四六七上）

繫縁《げえん》の止は心をどこかに結びつけて静めていく方法と説明されるが、これはヨーガの主張したサマーパッティに等しい。典型的な方法は、身体の部位に心を結びつけていくことであるが、身体の様々な部位に心を結びつけて集中していけば、心の働きは静まる。次の制心の止は、説明に従えば、心に何かが生じたときに、強制的にその働きを抑えることであるという。これは、心に萌した働きに気づいたら、それが増大しないように抑えることと考えられる。最後の体真の止は「一切は空である、一切は空である」などと繰り返し真実を確認していく方法とされるが、これは、先の境の分類に従えば、「歴縁」の言語に相当する。一つの文章に集中していくことであり、確かに心の働きを静める方向に働く。

つぎに観は大きく対治観《たいじかん》と正観《しょうかん》の二つに分けられ、説明される。

二には観を修めるに二種類がある。一には対治の観である。たとえば不浄観は貪欲を対治する。慈心観は瞋恚を対治する。界分別観は我に執着するのを対治する。数息観は尋伺などが多いのを対治する。ここには（捉えられる対象と捉える働きという）分別をしないのである。二には正観である。諸法には相がなく、皆、因縁によって生まれたものと観察する。因縁には性が無いというのは実相である。まず所観の対象が皆、一切空であることを了解する。観察する心は、自然には起こらない。

（大正四六、四六七中）

対治の観は、修行者の持つ問題点を解決するために実習するもので、『坐禅三昧経』との関連を予想させる。これらは、人の持つ性格的な問題に対治するための観察である。貪欲《とんよく》の気持ちが強い者には不浄観を、瞋恚《しんに》の多い者には慈悲観をと、いわば病状に合わせて薬を処方するかのように観察すべき対象が決められる。なお、ここでは観と呼んでいるが、機能的には、不浄や慈悲の心は一つの対象に向かっているので、心の働きを静める「止」であることに注意が必要である。

一方の正観は、「諸法には相がなく、皆、因縁によって生まれたものと観察する（観諸法無相、並是因縁所生）」と説明される。ここで述べられるものは、観察によって、捉えられる対象と捉える感覚機能が接触して、認識が生じる、すべてが条件によって生じたものに過ぎず、だから空であるという縁起や空の体得が、その内容となっている。

ちなみに、初期仏教においては、生滅を繰り返すものを観察の対象として設定したときには、無常、苦、無我の三法の智慧が体得されるとされ、やがて無常、苦、空、無我の四つが体得されるようになるとの展開が存在したが、その延長線上に存在する観察であると位置づけることができる。

ただし、この場合、心の中で、すべては無常であり苦であり空であり無我であると、言語的に確認する方法を取れば、これは文章を心に繰り返し確認していくことになるので、機能的には「止」となってしまうことにも注意が必要である。すなわち智顗が分類した「歴縁」の一つ、「言語《ごんご》」の例となる。

また、初期仏教の四念処の中では「法念処」に、六根と六境とが接触して認識が生じることを観察することが挙げられていたが、それの延長線上でも、この正観を考えることができる。

ところで、智顗の著作の中で興味深い点は、私たちが観察を始めたときには、人によっては、煩悩が出現したり（煩悩境《ぼんのうきょう》）、過去の出来事を思い出したり（業相境《ごっそうきょう》）、時にはありもしないものが心に浮かんできたり（魔境《まきょう》）して困惑することが指摘されているが、それに対する対処法が、すでに示されていることである。この対処法は、パーリの註釈書から既に散見されるというが、『大智度論』等にも見られ、それらを参照しながら、体験的に整理したものと推定される。ここでは魔すなわち現れてくる幻のようなものに対する対処法を挙げる。『摩訶止観』巻第八下の記述である。

悪魔を退治するのに三つがある。一つは、最初に自覚して叱りつけることである。門を守る人が悪人を遮って進ましめないようなものである。仏が比丘に言ったように、あらゆる他のものを受けない。受けないという術があらゆる自他の魔の事を退治することができる。二には、もし既に受け入れてしまっていたら、頭から足に至るまで、一々、詳しく観察せよ。魔を求めても得がたい、また心を求めても得がたい、魔はどこからやって来て何を悩まそうとしているのか、と。悪人が家に入り込んだ時に、そこかしこを照検して住まわせないようなもの。三つめには、観察しても去らないのであれば、強い心で拒め。死をもって最後として、汝とともには住まない。巧みに（この三つを）代わる代わるにする。このような三つの退治は多く説く必要はない。（大正四六、一一六上―中）

ここから考えれば、止観の実習の中で、人によっては起こす様々なマイナスの反応を、如何に乗り越えていくべきかを、智顗は弁えていたと言うことができる。三つの中でも二番目、すなわち対象を「諦らかに観じる」というのは、明確に観る、すなわち真正面から観察するということであろう。

さて、もう一つ、重要な視点は、中国の伝統医学の影響が見られることである。中国医学は鍼灸学《しんきゅうがく》と湯液学《とうえきがく》の二つの部門に現在では分かれている。伝説の上では黄帝《こうてい》に始まるとされ、最大の発見は気の存在であるという。身体を見つめる独自の眼差しが存在し、その典型が戦国時代には既に意識されていたとされる気の存在であった（石田一九九二）。『行気玉佩銘《ぎょうきぎょくはいめい》』の中に身体の中を上下する呼吸との記述があることは先に触れたが、智顗の著作の中には、この気の存在が前提とされる箇所が散見される。たとえば、気が集まる身体の部位として丹田《たんでん》が有名であるが、その丹田に意識を集中させようとする記事が見える。また、止観の実習を始める際に、準備として行うべき次のような記述も注目される。

次に頭と頸とを正し、鼻と臍と相対せしめ、偏らず斜めにならず低からず高からず、平面に正しく留めよ。次に口から濁気を吐くのがよい。気を吐く方法は、口を開いて気を放ち、荒かったり急であったりしてはならない。これによって綿々と続いて気を恣にして出す。身体の中の百脈の通じていないところに想いを致し、息を放ち気に随って出す。口や鼻を閉じて清気を納める。このようにすること三度に至り、身体と息とが調和するなら、ただ一遍でも事足りる。…（中略）…息の相とはどのようなものか。（呼吸が）音を立てず結滞せず荒くもない、出入りは綿々と続き、有るがようであり無いがようであり、精神が安穏とするのを助け、感情はうちとけて楽しむ。これが息の相である。風を守れば散ってしまい、喘を守れば結滞し、気を守れば疲れてしまい、息を守ればとりもなおさず定になる。（大正四六、四六五下―四六六上）

ここでは明らかに身体の濁気《じょっき》（汚れ濁った気）をはき出すべきであるとし、しかも大きく口を開いてハーッと出しているが、このような方法は明らかに中国起源である。濁気というのは邪気と等しいものであろうが、濁気はすでに『漢書』「志」五行志第七下之上「思羞《ししゅう》」に「黄の濁気あれば、四つに天下を塞ぎ」と用例のあることが知られるが、『摩訶止観』では、清気と対比的に用いられている。これは養生思想との関連を考えさせられるところである。このように智顗の著作には、インド的な要素と中国医学の要素が渾然として取り込まれている。

禅宗の展開

さて、中国の仏教における止観の実習を考察する場合、天台以外にもう一つの柱になるものは達磨を初祖とする禅宗である。禅宗の資料は「灯史《とうし》」（禅宗門の歴史を独自の立場から述べたもの）、「語録《ごろく》」（祖師たちの言行を伝えるもの）そして禅に対する理論書（「坐禅論」と命名されるものが多い）が重要な考察の対象となるが、ここでは主要な灯史や語録を対象としながら考察する。

達磨を初祖とする禅宗が、その初期にどのような観察を行っていたのか、明瞭ではないが、基本的には天台の『天台小止観』に従っていたという（関口一九六四）。また、『禅苑清規《ぜんえんしんぎ》』第八に見える「坐禅儀」は、ほぼ『天台小止観』の記述と一致するので、修行の実際は天台と同じであったと考えて良いと思う。

さて、唯一、達磨の著作として伝わる『二入四行論《ににゅうしぎょうろん》』が、その手がかりを提供してくれる。本書は理入《りにゅう》と行入《ぎょうにゅう》という二つの視点を提示する。この理と行という二つの視点は、その後の禅宗の展開を知る上で重要なものとなったと考えられ、理、すなわち道理としての入り方が、唐代の禅宗の最初の前提となったものと思われる。

人口に膾炙する「己の心こそが仏である」という唐代の禅宗の持つ大前提は、この理入との関わりの中で理解すべきものであろう。またその大前提は、何事も肯定的にかつ現実的に思考する漢民族の精神的特性を意識したものであったと推察される。

初期禅宗の行に関連する内実を推察することのできる資料に『絶観論《ぜっかんろん》』が存在する。本書には、達磨の著作、あるいは牛頭法融《ごずほうゆう》（五九四～六四七）の著作とする説があり、その作者を特定することが困難であるが、初期禅宗の実践を知るものとして貴重な書であるので、この資料を用いる。さて、この資料の中で、その実践の目指したものが何であったのかを伝える用語が「無心」および「無念」である。一文章を掲げる。

縁門は忽ちに立ち上がって、入理先生に質問して言われたことには、「何を心と名付けるのか、心を安んずるとはどのようなことか」と。答えて曰うことには、「汝は心を立てる必要は無いし、また、しいて安んずる必要も無い、これを安んずるというのだ」。質問していうことには、「若し有心がないのであれば、道を学ぶというのはどのようなことか」。答えて曰うことには、「道は心念ではない。どうして心にあろうか」。問うて曰うことには、「若し心念でなければ、まさに何をもって念ずるのか」。答えて曰うことには、「有念は即ち有心であり、有心は即ち道に乖く。無念は即ち無心であり、無心は即ち真道である」。問うて曰うことには、「一切衆生には実に心があるのか」。答えて曰うことには、「若し衆生にまことに心が有れば、即ち顛倒である。只だ無心の中において心を立てることをなせば、乃ち妄想を生じる」。

（花園大学国際禅学研究所データベース zekkan.app.txt, 087a9–087b5）

さて、灯史や語録に反映される唐代の禅宗は、初期には『楞伽経《りょうがきょう》』、『金剛般若経《こんごうはんにゃきょう》』を重視するグループなど、幾つかの流れが存在した。『楞伽経』を重視したグループは、その灯史である『楞伽師資記』の中で、私たちが体験する外界は、自らの心に描きだされたものに過ぎないという視点を強調する。そして、歴代の祖師たちの伝記は、『楞伽経』の主張である「自心現量」を具体的に表出する逸話に満ちている。

初期の禅宗では、現実には神秀《じんしゅう》（六〇六～七〇六、北宗禅の最初とされる禅僧で長安で活躍）が重要な役割を果たし、「両京の法主、三帝の国師」と仰がれたが、後に慧能《えのう》（六三八～七一三、南宗禅の最初とされる禅僧で地方に活躍）の門下に荷沢神会《かたくじんね》（六八四～七五八、最初は神秀に学ぶが後に南方に下って慧能に学んだ。南宗の優勢を決定づけた禅僧）が登場するに及び、神秀の禅は貶められ、慧能の禅が推奨されることになった。現在に繋がる慧能の禅は南宗禅と呼ばれ、その顕彰のために書かれた資料が『六祖壇経《ろくそだんきょう》』である。本書に登場する慧能の悟境を表すとされる「本来無一物　何処有塵埃」という表現は、ありのままの人間を肯定する眼差しであって、それは現実を肯定的に捉える漢民族の性向に合致したものであった。

唐・宋代の公案と行

公案《こうあん》と呼ばれる問題が登場するのも唐代であるが、この公案は行政府の公式文書（公府の案牘）に由来するもので、公式の問題という意味であった。典型的な問題とされるのが「祖師再来意《そしさいらいのい》」であったという。「何故、祖師（達磨大師）は西から（中国へ）やって来たのか」という質問である。小川隆の見解に従えば、唐代の問答は必ず一つの答え、すなわち「自己の心こそが仏に他ならない」という回答に収斂したという。その典型が馬祖道一《ばそどういつ》（七〇九～七八八）に見て取れるといい、馬祖の語録に見える「即心即仏」「即心是仏」「平常心是道《びょうじょうしんぜどう》」などの表現は、皆、自己の心こそが仏に他ならないということを了解させるものであった。つまり、唐代の問答は、ほぼこのことを修行者自身に自ら気づき了解させるための工夫であったと言えよう。

しかし、このような問答が、時代が下るにつれ文脈を失い、新たな形で受け止められる事になった。

それが宋代の公案、すなわち話頭《わとう》である。

話頭の「頭」字は助字であり、意味はほとんど無い。お話という意味であるが、文章そのものを指す用語である。話頭は、心の中に抱き続ける対象として用いる。これは天台によって観察の対象すなわち境が、「歴縁《りゃくえん》」と「対境《たいきょう》」に分類されたが、その中の「歴縁」のひとつ、言語に相当すると考えられる。つまり、意味や解答を追求するのではなく、心の働きを静めるために、心の中で確認し続けていくものとして用いられる。『大慧書《だいえしょ》』の次の文章が、これを端的に表している。

言句の上でその場しのぎをしてはいけません。無事そのものの中に留まってはいけません。挙示されたことについて早合点をしてはいけません。文字にとらわれて証拠固めをしてはいけません。ただ朝から晩まで行住坐臥の中でいつも工夫し、いつも気を引き立てなさい。「狗子《くし》にも仏性があるのでしょうか」「無い」といった具合に。日常の暮らしから離れないで、試しにこんな風に工夫をしてみなさい。一月はおろか十日のうちにはじきに分かるでしょう。

（荒木見悟訳『大慧書』五一頁）

あなたがもし私を信じ込まれるなら、ためしに動処で「狗子には仏性がない」という話頭を参究しなさい。悟れるかどうかは後回しにして、胸中のざわめくその時に、気の向くままに工夫し把持してごらんなさい。静を感じるでしょうか。それとも力を得るのを感じるでしょうか。もし力を得るのを感じたら、気を緩めてはいけません。静坐したい時は、ただ一本の線香を焚いて静坐なさい。坐るときは沈み込んでもいけないし、跳ね上がってもいけません。沈み込むのと跳ね上がりとは、先聖が厳戒したものです。静坐するときに、この二つの弊害が出現するのに気づくやいなや、もっぱら「狗子には仏性がない」という話頭を取り上げなさい。二つの弊害は力を込めて押しのけなくても、すぐに落ち着きます。日月のたつうちに力がぬけるのに気づきさえしたら、それがそのまま力を得るところなのです。また別に静中の工夫をしなくても、これがその工夫に他なりません。

（『同』五七頁）

ここに使用される話頭は、心に沈み込みと跳ね上がり（昏沈・掉挙）が生じたときには「狗子に仏性ありや。無し」との話頭を参究しなさいと述べている。つまり心がざわついた時に話頭を用いて、その働きが起きないようにしなさいと述べているのである。

このような話頭の用法は大慧宗杲《だいえそうこう》（一〇八九～一一六三）によって推奨されているが、それ以前にすでに萌芽があったと思われる。五祖法演《ごそほうえん》（一〇二四～一一〇四）、圜悟克勤《えんごこくごん》（一〇六三～一一三五）の語録のなかに、鉄橛子《てつけっし》（固い鉄のくさび）、酸餡頭《さんあんどう》（酸っぱい餡子）などという用語があったことが指摘されているが、いずれも歯の立たないものを指して用いられたと推定されている。これが解答を求めない公案を指すと考えられるとすれば、看話禅《かんなぜん》の萌芽はもう少し早かったことになる。

このように、話頭を見つめる禅が看話禅と呼ばれるのであるが、看話の看は「手と目でじっくりと見る」ことが原義であるから、話頭を心の中に抱き続けることを指す言葉として至極ふさわしい。ただし大慧の禅の中では、答えの出せない話頭に、解答を出させようとする方法も行われている。次の『大慧普覚禅師書』巻第二六の文章を見てみよう。

この一念を、一挙にぶち破らなければならない。そうしてこそ、生死とは何かを悟ることができ、それを悟入《ごにゅう》と名付けるのだ。であるから、切に心が破られるのを待ってはいけない。もし心が破られるところを待っていたら、永劫に破られる時はない。ただ、妄想、顛倒した心、思量分別の心、生を好み死を憎む心、知識や理解をする心、静かさを願い争いを厭う心、（それらを）一遍に放り出して、ただ、放り出したところにおいて、この話頭を看るのだ。（大正四七、九二一下）

この場合は、解答を出しあぐねて爆発するような境地を経験することが大事だとされるが、おそらくこれは、疑団が数多く生じて、心の容量オーバーが起きた状態と考えれば理解しやすい。いわゆる言葉によって捉える作用も、対象をただ分別するだけの作用も、ともに消滅した状態、すなわち無分別《むふんべつ》の境地が出現すると考えられる。

一方、大慧と並び立つ人物として曹洞宗の宏智正覚《わんししょうがく》（一〇九一～一一五七）の禅は、黙照禅《もくしょうぜん》と言われる。黙照は黙唱とも書かれる。もとは宏智が大慧の禅を批判して看話禅と呼び、大慧が宏智の禅を批判して黙照禅と呼んだものとされるが、それぞれの特徴をよく示すものとして使用されるようになったという。

しかしながら、大慧宋杲と宏智正覚はお互いを認め合う良好な関係にあったことから、大慧宋杲が批判したのは、ほぼ同時期に活躍した、同じ曹洞系の禅者、真歇清了《しんけつせいりょう》（一〇八八〜一一五一）であった可能性もあると言う（マクレー二〇一二（小川隆解説））。さて、宏智正覚の著作と考えられる『黙唱録』には次のような記述がある。

黙々として言葉を忘れ、隅々まで照らし出して現前している、時を考えること、からりとしていて、本体が存在すること霊然としている。

（大正四八、一〇〇上）、『宏智禅師広録』巻八（全九巻）にも収載される）

また、彼の禅風を継承していると考えられる『従容録《しょうようろく》』には、次のような興味深い例え話の記述が見える。

どのように、その応ずるところの道理を説くのであろうか。徳上座が云うことには、「ロバが井戸を見るようなものだ」と。曹山がいうことには、「云うことは云ってはいるが、ただ八成（八割）を言い得ただけである」と。徳上座がいうことには、「和尚はどのように云われますか」。曹山が云われることには、「井戸がロバを見ているようなものだ」と。

（大正四八・二五九下段）

驢馬《ろば》と井戸とが対比されて、愚鈍な驢馬がボーッと井戸を見ているのではなく、井戸が驢馬を見ているようなものだという表現は、修行者が作意を加えることなく対象を眺めている、すなわち気づいていることを比喩的に表現したものと理解される。これは、四念処でいえば、受、心、法念処の三つに相当し、天台の分類に従えば、対境《たいきょう》の観察になるであろう。このような視点から見れば、曹洞宗の実践は、明らかに観の世界と直結する。

話頭禅

　さて、話頭を観察する禅が看話禅であることを先に述べたが、それはまた、話頭を観察するのであるから、それは話頭禅《わとうぜん》と言っても良いかも知れない。しかしながら、中国においては、話頭を観察する禅に、新たな展開が存在した。明らかに確認できるのは、清朝の時代の禅者である虚雲《こうん》和尚（一八四〇～一九五九）である。それは、私たちが発話する時には必ず心の中に何らかの出だしが、心の揺らぎのようなものとして存在すると捉えられるのであるが、その発話の時の、最初の揺らぎを観察するのが話頭禅であるとする理解が芽生えていたのである。これは、明らかに話頭の「頭」の字に意味を持たせたところから、生まれたものと推定されるが、新しいタイプの話頭禅が存在するのである。そして、この話頭禅は、現在、大陸の揚州は高旻寺《こうみんじ》において確認することができる。

　その起源を特定することができていないが、興味深い資料が日本に存在する。日本中世の心地覚心《しんちかくしん》（一二〇七～一二九八）による法語、『由良開山法語《ゆらかいざんほうご》』「法灯円明国師《ほうとうえんみょうこくし》」に次のような記述が見える。

先初心人ハ　念起ノ坐禅ト云事ヲ心得ヘシ。念起ノ坐禅ト云ハ　ヨロツノ善悪ノ境界ニ付テ　我念ノヲコル其ノ始ヲヨク、、ミレハ　天ニ始テ雲ノヲコルカ如クシテ　其由来ナシ。

（『中世禅籍叢刊』巻一〇、「稀覯禅籍集」五〇九頁）

ここでは、明らかに念の起きるところを把捉しようとする姿勢が見て取れる。この記述が大陸の話頭禅と関わるとすれば、以外に早くに発語の最初を把握するという禅が存在していたことになろう。

第三節　日本における止観の受容と発展

古代の受容

日本における止観の受容に関する記事は、『続日本紀』巻一に収載された道昭《どうしょう》（六二九～七〇〇）の卒伝の中に見えるものが初見であろう。六世紀の半ば過ぎには仏教が伝来したとすれば、道昭の活躍した時期は七世紀の後半であり、比較的遅いと言わざるを得ないが、その記事は次のようなものである。

また玄奘がいうことには、経論は深く微妙であり、窮めることはできない。禅を学んで東土に伝えるに勝ることはない。道昭和尚は教えを奉じて禅定を習い、悟るところがとても多かった。（中略）元興寺の東南の隅に別に禅院を立てて住した。時に天下の仏業に身を置く者たちは、和尚から禅を学んだのである。(中略) 十有余年が立ち、勅があり、再び禅院に止住した。坐禅することは昔のままで、三日に一度立ち上がるか、あるいは七日に一度立ち上がるかであった。(中略) 世に伝えるところでは、和尚の弟子達が天皇に奏聞し、禅院を新京に移し建てた。今の平城京の右京の禅院がこれである。

(『続日本紀』巻一、文武四年三月一〇日条、道昭卒伝)

此処に見える記事で興味深いものは、一度坐れば、三日または七日に一度、立ち上がるだけであったという言及である。この記事は三日または七日間はずっと坐ったままであったことを伝えるが、そのような状態は滅尽定《めつじんじょう》に相当する。道昭は、慧満《えまん》(生没年不詳、七世紀)に禅観を学んだと伝えるが、滅尽定を修得していたと推定される文章であり、止の実習に秀でていた可能性が高い。ちなみに滅尽定に入れば、普通には一週間が限度とされる。

次に八世紀に入ってからの記事では、養老二年(七一八)に出された太政官の「法門の師範に足る僧侶を顕彰しなさい」と、僧綱に命じた布告に、止観と関連すると思われる記述が見える。それは次のようなものである。

およそ僧侶たちを浮遊させてはいけない。(僧侶は) さまざまな教理を講論してさまざまな義理を学習するか、あるいは経文を暗誦し禅行を修め、それぞれに分業せしめ、皆、その道を得るのである。

(『続日本紀』養老二年(七一八)十月一〇日条)

心の観察をするにはアランニャ（阿蘭若、人里離れたところの意）などの静かなところが相応しい場所と考えられ、インド以来、山中がその場所と考えられてきたことは周知の通りであるが、それは日本の古代でも同じであった。山中が心の観察をする行に相応しい場所と考えられたのである。

また一方で、日本には古来、山に対する信仰があり、山中に入って行う修行が存在した。その修行は山の生気を受け止め、自らのものにするものであったと推定されるが、その不思議な力によって病気治しをしたり、農耕開始の時期を占ったりしたと考えられている。このような職掌が、山中に修行する仏教者にも重なって投影されたと考えられ、不思議な力を獲得することが、仏教修行者にも求められたものと考えられる。おそらく、この太政官の布告は、そのような行をする僧侶を誡めたものと推定される。

また、律蔵に規定される白四羯磨《びゃくしこんま》形式の受戒を、日本に伝えたとされる鑑真《がんじん》（六八八～七六三）も、その将来の品々の中に天台三大部が含まれ、初めて日本に天台文献を伝えたことで知られる。彼も、止観の実践に秀でていた僧侶であったと考えられる。というのは、鑑真の肖像画や像が造られる時、必ず定印《じょういん》（法界定印、禅定印とも）を結んだ姿に描かれているからである。坐して両足を組み、丹田部に手の平を重ね合わせるこの印相は、坐禅をする際の典型の印相であり、唐招提寺に伝わる鑑真像もこの定印の姿である。

これは彼が止観に秀でていたことを予想させるものであり、鎌倉時代の伝承になるが、「東大寺戒壇院は鑑真和尚の建立する所、和尚は是れ台宗の高徳なり。（中略）今、既に和尚の戒律の苗裔なり。故に定慧に於いては、天台宗を学びて、止観の坐禅を弘むべし」との文言が『円照上人行状』に登場する

（東大寺教学部編『円照上人行状』、一九七七年、四頁下）。しかし、残念ながら、鑑真の止観の内実を伝える資料は寡聞にして知らない。

では、古代には止観の実践の内容を伝える資料はなかったのであろうか。先に道昭の例を挙げたが、もう一つ、資料の上では興味深い例を挙げることができる。それが法相宗の徳一《とくいつ》（?〜八四三）の『止観論』と命名された資料である。本書は、最澄の『守護国界章《しゅごこっかいしょう》』上之下「弾謗法者大小交雑止観《だんほうぼうしゃだいしょうこうぞうしかん》章第十三」に引用された徳一の文章であり、書名は最澄を研究された田村晃祐が付したものである（田村一九九二）。

この『止観論』は、徳一が止観について説明する箇所であり、厳密に考えれば、徳一を始めとする法相宗の僧侶が実際に行っていたことを即座に意味するものではないが、少なくとも、当時の法相宗僧侶が、止観の実習に際して、参照にすべきものであったと推定することは可能である。

さて、最澄は徳一の『止観論』を全文、『守護国界章』巻上之下に引用する。それは、文中に「瑜伽の三四に説くが如し」（『伝教大師全集』巻二、三三五頁）とあるように、ほぼ『瑜伽師地論《ゆがしじろん》』巻三四、本地分声聞地第十三第四瑜伽処の記述に基づいている。

また、最澄の付した割り注に「已上、多分に小乗止観、已上、多分に菩薩止観」（『伝教大師全集』巻二、三三九頁）とある箇所から後は、摂決択分《しょうけっちゃくぶん》中声聞地之四（大正三〇、六八六中）や巻三〇の声聞地第一三瑜伽処之一（大正三〇、四五一中）の記述である。徳一は、この止観に関する記述を、ほぼ『瑜伽師地論』に基づいて記述しているのである。また割り注の部分の記述は、徳一が小乗の止観も、大乗の止観も、基本は同じであるとの立場を表明するものと考えられる。これに対して最澄は、次のような評価を最後に与えている。

婆沙、倶舎、成実等の小乗論を遠離しているが故に、是れ小乗の止観にあらず。深密大乗、十八門止観、瑜伽、顕揚、対法、起心等に依らざるが故に、大乗の止観にあらず。法華一乗、大涅槃等、仏性宝性等を信ぜざるが故に、一乗の止観に非ず。此れ則ち麁食者の私の止観なるのみ。

（『伝教大師全集』巻二、三五〇頁）

「婆沙」（『大毘婆沙論』）や『倶舎論』、『成実論』の小乗の論書を遠ざけているので小乗の止観ではなく、また、深密（『解深密経』）や十八門止観（『十八道念誦次第』のことか）、『瑜伽師地論』『顕揚聖教論』『対法論』『大乗起信論』なども依用していないから、大乗の止観でもないと位置づける。

ということは、最澄の言及から逆に類推して、当時の仏教者たちの間には（少なくとも最澄の周辺には）小乗の止観は、『大毘婆沙論』や『倶舎論』『成実論』に基づき、大乗の止観は、『解深密教』『十八門止観』『瑜伽師地論』『顕揚聖教論』『対法論』『大乗起信論』などに基づいていたと考えることができる。

徳一の教学の背景に南都を想定して問題はない。とすれば、当時の南都の僧侶は、様々な経論に基づいて修行実践を行っていたと考えられる。そして、徳一の述べる止観のありようは、法相宗僧侶として、基本的には『瑜伽師地論』の本地分、摂決択分の声聞地《しょうもんじ》に基づいていたのであろう。一方、最澄の止観は次のように説明されている。

夫れ権小と権大と実一乗と其の道、懸に別にして思議しがたし。最初の依住は、麁食《そじき》は闕く。その修行の道に亦た迂回、歴劫、直道有り。其の修行に歩行の迂回道、歩行の歴劫、飛行の無礙道あり。麁食者示す所の多分小乗の止観とは、歩行の迂回道に相い似たり。又、多分菩薩の止観は、歩行の歴劫道に相似たり。此の二の歩行道は、教えのみ有りて修する人無し。当今の人機は、皆、転変し都て小乗の機無し。正像稍《や》や過ぎ已りて末法、太《はなは》だ近きに有り。法華一乗の機、今正しく是れ其の時なり。何を以て知る事を得る。安楽行品の「末世法滅時」なることとなり。今、四安楽行、三の入、著、坐の行、六牙白象の観、六根懺悔の法、般若の一行の観、般舟三昧の行、方等真言の行、観音六字の句、遮那胎蔵等、是の如き直道の経、其の数無量有り。

（『伝教大師全集』二、三四八―三四九頁）

悟りに至る道に迂回、歴劫《りゃっこう》、直道《じきどう》の三種類があるとし、しかも直道の道は無量としながらも、九種類を挙げる。四安楽行は『法華経』安楽行品《あんらくぎょうほん》、三の入・著・坐は法師品《ほっしほん》、六牙白象は『観普賢行法経』に基づくもの、六根懺悔の法は法華懺法、般若一行は一行三昧（すなわち常坐三昧）、般舟三昧《はんしゅうざんまい》は常行三昧、方等真言も半行半坐三昧の一つである方等三昧、観音六字の句は『請観世音経《しょうかんぜおんきょう》』に基づいた非行非坐三昧、遮那胎蔵《しゃなたいぞう》は、『大日経』に基づいた胎蔵法であろう。結局、最澄は天台の四種三昧と密教の行法とを直道の無礙道《むげどう》として掲げているのである。すなわち、最澄の時から円（完全円満なる教え）と密（秘密の教え）とを同等に重視する方向性が存在していたと考えることができる。

このように、日本の天台は最澄の時点で既に独自性の萌芽があったと考えられるが、そこにまた、新たな方向性が加わった。それが慈覚大師円仁《えんにん》（七九四～八六四）による改変である。まず一つは、彼によって常行三昧に、唐の五台山で流行していた法照流《ほうしょうりゅう》（法照（七四七～八二一）が善導《ぜんどう》（六一三～六八一）の念仏の影響を受けつつ作り出したとされる念仏の流派）の五会念仏《ごえねんぶつ》が導入された。『慈覚大師伝』によれば、仁寿元年（八五一）の記事として「五台山の念仏三昧の法を移して諸弟子に伝授し、常行三昧を始修せしむ」（『続天台宗全書』、史伝2　六八頁下）と出てくる。すなわち五会念仏が常行三昧になったと伝えるのである。五会念仏は善導流《ぜんどうりゅう》の念仏に端を発し、法照に継承され、音楽的な要素を含む念仏になったものと言われる。南無阿弥陀仏と念仏を唱えながら、堂内を歩き続ける行である常行三昧が、音楽的な要素を持ったということは、節回しや抑揚を持った称名念仏を行ないつつ、堂内を歩くことを行うようになったということと推測される。なお、この常行三昧が不断念仏とも呼ばれていたことが、源為《みなもとのため》憲《のり》によって永観二年（九八四）十一月に書かれた『三宝絵詞』下巻「比叡不断念仏」から窺われる。

念仏ハ慈覚大師ノモロコシヨリ伝テ、貞観七年ヨリ始行ヘルナリ。四種三昧ノ中ニハ・常行三昧トナヅク。仲秋ノ風スズシキ時、中旬ノ月明ナルホド、十一日ノ暁ヨリ十七日ノ夜ニイタルマデ、不断ニ令行也。［故結願夜修行三七日也。唐ニハ三七日行フト云。我山ニハ三所ニ分テ一七日行也。合三七日也、云々。］身ハ常ニ仏ヲ廻ル。身ノ罪コトゴトクウセヌム。口ニハ常（に）経ヲ唱フ。口ノトガ皆キエヌラム。心ハ常ニ仏ヲ念ズ。心ノアヤマチスベテツキヌラム。

（『三宝絵・注好選』新日本古典文学大系　二〇六頁）

不断念仏は円仁の亡くなった翌年の貞観七年（八六五）に始められ、四種三昧の一つの常行三昧と位置づけられたと伝えられる。中国では二十一日間にわたって行われる行であったが、日本では一週間に縮められた。しかし三箇所で一週間にわたって行われるので、合計二十一日間であると述べている。ちなみにこの三箇所というのは、円仁によって東塔に建立された常行堂、寛平五年（八九三）には西塔に、そして天暦八年（九五四）には横川《よかわ》にも常行堂が設けられているので、この三箇所を指すと考えられる。

いずれにしろ、円仁が法照流の念仏を取り入れ、それを四種三昧のひとつである常行三昧と位置づけたことは間違いない。ここに日本の常行三昧は、音楽的な要素を持った念仏の行となった。しかもまた、仲秋の秋に一週間にわたって行われるところから、儀礼的なものとなったとも言える。なお、円仁の伝えた念仏が、後に大念仏という名称でも呼ばれるようになることには注意しておきたい。いずれにしろ、常行三昧は日本天台の中で独自な展開を見せたのであるが、そこには、身体を動かしながら、すなわち歩きながら、心を一つの対象に結びつける三昧の行が確実に生きている。

次に法華三昧についても独自の展開が存在した。もともと法華三昧は半行半坐三昧《はんぎょうはんざざんまい》（半分は歩き、半分は坐る三昧、すなわち歩く動作を観察するのと、坐って呼吸の観察をするのとが組み合わさったもの）の一つとして存在したものであり、『方等陀羅尼経《ほうどうだらにきょう》』に基づくものと『法華経』及び『観普賢菩薩行法経』に基づくものがあるという。しかし、日本ではこの法華三昧は、法華懺法という形で継承されることになった。これも、円仁によって改められたものであるという。同じく『慈覚大師伝』によれば、「嘉祥元年（八四八）、大師、是に於いて初めて法華懺法を改伝す。先師は昔、其の大綱を伝え、大師は今、此の精要を伝う」（『続天台宗全書』、史伝2、六七頁上）と記されている。

この時の具体的な改変がどのようなものであったのか、その詳細は知り難いが、それは智顗の『法華三昧懺儀』とは異なったものであったという。具体的には儀礼化が進んだものであったと言われている（蓑輪二〇一五）。

その他、平安時代初期で注目されるものに、浄土変相図《じょうどへんそうず》が存在する。元興寺の智光、頼光の伝承を併せ持つ智光曼荼羅や、当麻寺に伝持された当麻曼荼羅《たいままんだら》、そして、少しく時代は下るが、同じく奈良の超昇寺《ちょうしょうじ》の青海《しょうかい》が感得したと伝えられる青海曼荼羅《しょうかいまんだら》などが、それに相当する。これらの曼荼羅の存在から、『観無量寿経』に説かれる十六想観《じゅうろくそうかん》が実習されたことが推定される。十六想観は日想観、水想観に始まり、浄土の姿を心の中に思い浮かべる観法である。それは、心の働きを浄土の様相に結びつけることに他ならないので、心を一つの対象に結びつける止の実習の一つと位置づけることができる。

なお、空海《くうかい》（七七四～八三五）の残した漢詩文『精霊集《しょうりょうしゅう》』の中にも、山間の仏教のあり方を彷彿させる記事が存在する。たとえば巻第一の「喜雨の歌　雑言」の中の一節であるが、次のような記述が見える。

寺々に僧を進めて妙法を聞き、山々に使いを馳せて祈祷すること周《あまね》し。老僧読誦して黴雲起こり、禅客持観して雨の足優（ゆたか）なり。

（『弘法大師著作全集』第三巻、一〇八頁）

空海の活躍した九世紀の前半、山に居住する僧侶たちにとって「持観」すなわち観を行うことが相応しいと考えられていたことが明らかであろう。

また、若干、時間は下るが、称名の念仏が行われていたことも推定される。それは、後の『往生伝』や永観《ようかん》（一〇三三～一一一一）の『往生拾因《おうじょうじゅういん》』に引用されることから知られるものであるが、播磨の国に沙弥教信《しゃみきょうしん》（七八六～八六六）という人物が登場し、口称の念仏をしていたことが伝えられている。教信は、ほぼ九世紀の半ば過ぎまでを生きた人物と推定される。このような伝承の存在から、平安時代の初期には、様々な称名の念仏が行われていたことは間違いなく、そのどれもが、心の働きを一つのものに結びつける止の意味合いを持っていたと言えよう。

院政期における心の観察

次に注目できる資料は、院政期に活躍した実範《じっぱん》（生年不詳～一一四四）の資料である。この資料は、後に一書に纏められ『真理鈔』と命名されるが、実範、貞慶《じょうけい》（一一五五～一二一三）、良算《りょうざん》（生没年不詳、十三世紀）等の資料を含んでおり、貴重な資料である。まずは戯論に関する議論から始まり、無分別の智に至る。

問う、戯論とは何ものなるか。答う、疏に云わく、戯論とは謂う、分別の相、名言の相、尋思《じんし》の相なり。戯論に由るが故に、染浄に執着す。分別する所有るが故に、生じ死に死して生まる。

（日本大蔵経六四、四七下）

この疏というのは慈恩基《じおんき》撰述の『大般若波羅蜜多経般若理趣分述讃《はんにゃりしゅぶんじゅっさん》』で、「戯論者謂分別相名言《みょうごん》相《そう》尋思相。由戯論故、執著染浄有所分別。分別故生死死生。」（大正三三、五一上）とある記述を指す。戯論というのは、心が起こす働きを総称した言い方であり、原始仏教で外界を捉える心の働きを第一の矢、そこから派生する心の働きを第二の矢と表現したが、戯論は、第二の矢に相当するものとして考えれば良い。原始仏教では、苦の感受から次なる苦の感受が生じることが第二の矢であったが、ここでは感覚器官による対象の把握から生じる心の働きが、分別、名言、尋思《じんし》と三つの連続したものとして数え上げられ戯論とされている。次に煩悩と関連付けられて議論が進む。

問う、煩悩性を観るに、能く其の悪の義を降伏す、如何。答う、疏に云う、此の六の根本は真如の本性なり。真如の本性に戯論無し。故に能く分別を離る。心の本性に契《かな》い、分別を離れ戯論なし。

一切の悪報は、悉く能く降伏す。〈と文《いえり》〉　（日本大蔵経六四、四八上）

ここでは真如の本性に戯論は無く、分別を離れるという記述が注目される。

問う、諸の法性は何故に分別を離るるや。答う、法性とは真如の理なり。真如の妙理は分別名言の及ぶところに非ず。故に論に曰く、一切の相、一切の分別を離るれば、尋思の道は絶え、名言の道は断つ。唯だ真の聖者のみ、自由に証する所なり。〈と文〉　（日本大蔵経六四、四八上）

ここでは分別と名言と尋思という三つの働きのうち、あらゆる分別を離れると、あれこれと思案する尋思も、名称を付与する名言の働きも無くなると述べている。なお、論というのは『成唯識論《じょうゆいしきろん》』巻一〇の「離一切相一切分別、尋思路絶名言道断。唯真聖者自内所証。其性本寂故名涅槃。」（大正三一、五五中）とある記述である。さらに次のような問答に続く。

問う、若し爾らば、真如は都《すべ》て知るべからざるか。答う、仏菩薩の智は能く真如を知る。其の智を名づけて無分別智と為す。分別を離るるが故に能く法性を証するなり。証とは証知なり、冥会なり。　（日本大蔵経六四、四八上）

ここに登場する記事は、対象を捉えていてしかも言語や分別が無くなった際に、そのように捉えられた世界は「真如」そのものであり、また「法性」そのものであると述べているのである。この捉え方は『瑜伽師地論』の前半部分の思考と重なると考えられるが、真如や法性という概念が、実際に把握可能なものとして説かれていたこと、さらにそれを把捉する働きが無分別智として位置づけられていたことに注意したい。そして、そのように捉える「証」の働きが「証知」であると呼ばれていた。ここからは「知」という語が、心の観察の中では特殊な意味を持って使われたことが傍証されるであろう。

結局、この『真理鈔』では我々の認識の構造を議論していたことがわかる。それは、感覚器官によって描き出された捉えられる対象と、捉えている心の働きに、法相宗僧侶が関心を持っていたことを示している。

次に解脱房貞慶に注目したい。貞慶は修行に関する点でも興味深い資料をいくつか残しており、『解脱上人小章集』の中に、心を一つの対象それも言葉に結びつけるという行法が登場する。

只だ心を一縁に懸ける可し。故に常に一の道理を思わば、其れ漸《しだ》いに心は静かならん歟。（中略）……爰に慈尊（弥勒）教授の頌有り［慈尊は無着に授く］。……彼の文を付し、聊《いささ》か我が心に懸けるに如かず。設い自らの慧解、拙きと雖も、口に聖言を誦し、心に其の理を思わば、滅罪生善、出離得脱は遂に必ず空しからず。

問う、其の教授の頌は如何。

答う、頌に曰わく、菩薩於定位　観影唯是心　義想既滅除　審観唯自想　如是住内心　知所取非有次能取亦無　後触無所得

已上、二行八句有ると雖も、広くして尽くし難し。只だ応に観影唯是心の一句を誦すべし。念仏者の仏号を誦するが如く、之を崇め重んじ之を練習せよ。恣に其の文を訓ずるも、自ら義を知ることを成ぜん。

（日本大蔵経六四、一八下―一九上）

聊か引用が長くなったが、貞慶の伝える心の観察には弥勒教授の頌を諳んじるという方法が登場する。しかも長い文章なので、短いフレーズである「観影唯是心」を念仏のように繰り返し唱えなさい、と簡易版まで示される。良い言葉を繰り返し唱えるという方法は、原始仏教の資料である『清浄道論』の中に「寂静随念の修習」として紹介されていたことが想起される。この点から考えれば、短い言葉を繰り返して修習することは、寂静随念の延長線上にあるといって良い。また、唱える文章は何でも良かったようで、次のようなものも伝えられている。

問う、前の諸門を以てすれば、其の義、猶お広し。弁じ難く忘れ易し。若し最略によらば、何をもって心要と為すや。答う。唯だ金剛般若の「過去心不可得、現在心不可得、未来心不可得」を誦せ（三句中、猶お、初の一句を用いるがごとし）。当に其の義を思うべし、修行の要門なり。之を以て足るべし。

（『勧誘同法記』第六略要門　日本大蔵経六四、一三下）

図3　貞慶や良遍が活躍した興福寺

これは『勧誘同法記』に記されている。本書は貞慶が比較的若い時に著述したものと考えられているが、ここでは『金剛般若経』の一節である「過去心不可得、現在心不可得、未来心不可得」の三句が使用されている。これも言葉を繰り返し唱えていく修習であり、天台の区分に随えば、「歴縁」の言語に相当する。次の資料も貞慶のものである。

問う、先に唯識三昧観を勧め、今、又た念仏三昧を修む。二つの行は移転し、一世に熟し難し。答う、念仏三昧は即ち是れ唯識観なり。先ず彼の天の依報を観よ。四十九重の摩尼宝殿、五百億の行《ぎょう》頗利《はり》の樹王、一一の荘厳、歴然として心に在り。無辺の器界は皆、地を同じくし、一切の衆生は、阿頼耶識《あらやしき》の所変なり。知足の天宮、同じく此の界に在り。知るべし、本来、我が心の中に在ることを。

（『心要抄』大正七一、五八下）

この『心要抄』で注目されるのは「念仏三昧は即ち是れ唯識観なり」という記述であり、貞慶が、観想の念仏を唯識観と呼んでいたことが分かる。心の中に浄土の情景を思い浮かべていく行法であり、摩尼宝殿など具体的な様相が登場する。ちなみに四十九重の摩尼宝殿というイメージは『弥勒講式《みろくこうしき》』（弥勒を顕彰する法会の次第などを規定した資料）に現れ、貞慶にとっては弥勒菩薩に関わるものであった。

中世の受容と展開

中世の時代における仏教の受容と展開には幾つもの興味深い例が見て取れる。まず注目すべき出来事として達磨を初祖とする禅宗が紹介された。そして、新来の禅宗に対して法相宗、華厳宗の僧侶が禅との異同を考察する資料を残している。法相宗では良遍（一一九四〜一二五二）が『真心要決《しんじんようけつ》』を著し、華厳宗では証定《しょうじょう》（一一九四〜?）が『禅宗綱目《ぜんしゅうこうもく》』を著し、両者の異同に関して見解を述べている。また法然も、新たな教判を立て、後には親鸞が立ち、浄土の教えを広めているが、その最初には心の観察が存在していた。此処ではまず禅宗の展開を記すことから始めたい。

周知の如く、達磨禅の一派である北宗は、『内証仏法相承血脈譜』の記述に依れば、最澄の時にすでに日本に紹介されており、最澄の円禅戒密の四宗の一つとして日本天台の中に伝持されたと言うことができる。しかしながら、本格的に達磨禅が紹介されたのは、院政期の末、栄西（一一四一〜一二一五）の時からであった。栄西の著述した資料として名高いものは『興禅護国論《こうぜんごこくろん》』である。本書は、栄西と同時期に活躍した大日能仁《だいにちのうにん》の無始独悟を標榜する禅宗が、ともに朝廷によって停止された時に、それに対峙して自らの立場を宣揚するために書かれたものである。その書名の通り、禅を興隆させることが護国になるという主張が展開された。

禅の主張として有名な不立文字、以心伝心、直指人心、見性成仏などの用語が広く知られるようになるのは、本書からである。しかしながら、実際の心の観察に関する説明は殆ど無く、どのような実践が為されたのかは明らかではない。

さて、栄西とあまり変わらない時期に登場して活躍した人物に法然（一一三三～一二一二）を挙げることができる。法然は浄土の教えを宗として独立させたと、凝然によって『浄土法門源流章』の中で評価されるのであるが、そもそも浄土の信仰実践としてあげられる念仏は、行の世界のことと位置づけられていた。心の観察と密接に結びついていたのである。このことを傍証する記述が、法然の資料の中に登場する「三昧発得」という文言である。法然にとって三昧を発得したということが大きな意味を持ったと推定される。

また、心が戯論を起こさないという視点から見れば、法然の晩年の著作である『一枚起請文《いちまいきしょうもん》』に、その視点を感じることができる。

もろこしわが朝にも、もろもろの智者たちの沙汰し申さるる、観念の念にもあらず、また学問をして念の心をさとりて申す念仏にもあらず、ただ往生極楽のためには、南無阿弥陀仏と申して、うたがひなく、往生するぞとおもひとりて、申すほかには別の子細候はず。……智者のふるまひをせずして、ただ一向に念仏すべし。

（『昭和新修法然上人全集』四一五―四一六頁）

ここでは、念仏を唱えて疑いなく往生すると思い取っている、浄土に対する信を確立した人が引き合いに出される。疑いなく申すほかに何も無い、という立場は、行者の計らいのない心として強調されていくようになる。

この立場は、やがて親鸞（一一七三〜一二六三）によって強調されるようになった。そのような意識が次の資料から見て取れる。

如来の願力なり、他力を申すなり。「超」はこえてといふ。生死の大海をやすくよこさまに越えて無上大涅槃の悟りをひらくなり。信心を浄土宗の正意としるべきなり。この心をえつれば、「他力には義なきをもって義とす」と、本師聖人の仰せごとなり、義といふは行者の各々のはからふこころなり。このゆえに各々のはからふこころをもたるほどをば自力といふなり。よくよくこの自力のやうをこころうべしとなり。

（「尊号真像銘文」末『浄土宗聖典』六七三頁）

仏智不思議と信ずべき事　御文くわしくうけたまわり候ひぬ。……仏智不思議と信ぜさせたまひ候ひなば、別にわずらはしく、とかくの御はからひあるべからず候ふ。ただひとびとのとかく申し候はんことをば、ご不審あるべからず候ふ。ただ如来の誓願にまかせてまゐらせたまふべく候ふ。とかくの御はからひあるべからず候ふなり。あなかしこ、あなかしこ。五月五日　親鸞御判

浄信御房へ（袖書きにいはく）他力と申し候ふは、とかくのはからひなきを申し候ふなり。

（「親鸞聖人御消息　二四」『浄土宗聖典』七八二頁）

最初の資料には計らう心が自力であると示され、二つ目の資料では、「とかくの御はからひあるべからず候」と、「はからう心」そのものが戒められている。「はからう心」は明らかに戯論であり、私たちの心が起こす働きである。これも、日常生活の中で、第二の矢に相当する働きを起こさないように目指していたと捉えることが可能であろう。それを、阿弥陀仏の本願を信じ切るところから実現させようとしていると考えられる。

ここで、再び禅宗に戻ろう。栄西の次の世代に活躍した禅僧は円爾弁円《えんにべんねん》（一二〇二～一二八〇）と蘭渓道隆《らんけいどうりゅう》（一二一三～一二七八）である。円爾は宋に留学し無準師範《ぶしゅんしばん》（一一七七～一二四九）に師事し、彼の禅を日本に伝えた。帰国後、当時の実力者であった九条道家に招かれ、京都の東福寺の住持となった。東福寺は、道家の発願によって寺地内にあった普門寺を拡張する形で整備されたが、最初、円爾はこの普門寺において『宗鏡録《すぎょうろく》』の講説を行った。この『宗鏡録』の講説には、南北二京の僧侶が集まったと言う。『元亨釈書《げんこうしゃくしょ》』円爾伝によれば、興福寺の法相宗僧侶である良遍や東大寺三論宗僧侶の真空廻心《しんくうえしん》（遁世前には定兼とも、一二〇四～一二六八）などが円爾の『宗鏡録』講説を聴聞したと伝える。さて、『元亨釈書』に伝える円爾伝には興味深い記述が見える。

教えを大きく唱える時には厳かで犯しがたく、広く弁じて差し障りがない。法相宗の講師はやって来て「(教えの外に)別に伝えられたもの」を探った。円爾はまず、その学んできたところを詰問すると、相手はすぐに屈した。円爾は言われた、「あなたはまだ教えの乗り物に詳しくない、どうして「直指」を聞くことに耐えようか」と。理由があって人を伏することは多かったが、禅による教化によって完成した。そうでなければ、講義をもっぱらにする者たちは木喰い虫や蛙のようなもので、建たないに等しかったのである。かつて理知、機関、向上の三つの宗旨を宣揚した。だから亡くなる夜に望んで、無伝のためにこれを語った。その道は大相国(九条道家)の深さに合致していたのである。だからその跡継ぎである円明丞相(一条実経)もまた父のようなものである。

(大仏全一〇一、八九上)

円爾は仏の教えに、理致《りち》、機関《きかん》、向上《こうじょう》の三つの宗旨があると述べていたのである。この三つの内実は、後の夢窓疎石《むそうそせき》(一二七五〜一三五一)の『夢中問答』に簡単な説明があるので、そこから見ていこう。ちなみに夢窓疎石は高峰顕日《こうほうけんにち》(一二四一〜一三一六、仏国禅師とも。円爾について出家、無学祖元等に師事、那須の雲巌寺を拠点とし、一門は関東禅林の主流派となった)の伝統を継承した弟子の一人であり、弟子一万人を擁したと伝えられるほど、大きな勢力を築いた人物であった。

もし本文を論ぜば、理致となづけ機関となづくべき法門なし。しかれども方便の門を開いて宗旨を挙揚する時、義理を以て学者を激励する法門をば理致となづく。或いは棒喝を行じ、或いは義理にわたらざる話頭をしめすをば機関となづけたり。いずれも皆、小玉をよべる手段なり。

（岩波文庫本、一八〇頁）

夢窓は、理致は「義理をもって」と述べているから、理致は伝統的な仏教用語を用いて表現した教えと考えられる。同時代の禅僧、南浦紹明《なんぽじょうみょう》（一二三五～一三〇八）も「理致とは、仏祖が真理を説いた言葉である」（山田孝道『禅門法語集続』所収、大応国師「仮名法語」一八九六年、五五頁）と説明を附しているので、人々に真理を理解させようと、祖師が言葉を尽して説いたものが理致ということになる。

次の機関は、「棒喝」や「義理に渡らない話頭」とされるから、いわゆる唐代の棒喝と、宋代に知られるようになった話頭を指すことが明らかである。これらはいずれも「小玉《しょうぎょく》をよべる手段なり」とされる。小玉は、ある女主人の召使いの名前で、女主人が自らの存在を、思いを寄せる人に知らせるために、わざと召使いを「小玉」「小玉」と大声で呼んだという故事に因み、物事を知らせるのに有効な手段を表す。ということは、理致も機関も、正悟のための有効な手段と考えていたことになろう。

ただ、円爾自身、機関は「祖仏の機関の語句を見ると、皆、小さな子供が泣くのを止めるものである」（「法語」「示空明上人」：大仏全九五、一二二上）と説明しており、まだ究極のものという意識はない。つまり、仏祖が人々の能力を考慮して、それぞれに応じて巧みにとった各種各様の対応が機関ということになる。なお、義理に渡らない、すなわち論理的な関係がない公案を用いるということは、心の中に抱き続ける、すなわち観察の対象として用いることと推定される。そして、そのような話頭は「歯が立たないもの」というような表現がなされている。実際、『元亨釈書』円爾伝には、次のような記述が見える。

　そもそも止観とは知者の後継者が、その行門を見るものである。精緻妙密なることはまことにその通りである。しかしながら、我が鉄櫪子の狗話と相似しないのは何故か。（中略）狗子の話のごときは、一体何が分析され、一体何が見られるのか。これを明らかにすることを望む。もし分析し見ることができれば、それはとりもなおさず狗子の話ではない。（大仏全一〇一、二二一下―二二三上）

なお、小川の研究を参照すれば（小川二〇一〇a）、鉄櫪子以外にも、鉄酸餡《てっさんあん》（日本の夢窓疎石は鉄饅頭《てつまんじゅう》と表現した）などの用語が、これらの義理に渡らない話頭を指し示す用語であったと考えられる。では最後の向上はどのようなものであったのだろうか。これは円爾の『法語』が参考になる。この語録は、弟子の虎関師錬《こかんしれん》（一二七八～一三四七、『元亨釈書』の作者）の手が入ったものとされるが、興味深い記述が散見される。

　自ら大事なところを押さえて、直ちに仏祖の理致と機関とを超えよ。いわゆる仏の理致を超えて、いばらの林を通り過ぎることができ、祖の機関を超えて、銀山の鉄壁を通り抜けることができ、そこで始めて、向上の本分があることがわかる。
（『法語』「示如上座」大仏全九五、一二三上）

そして、具体的な例を挙げて、向上を次のように説明する。

奥深いものは仏祖が伝えない所にある。高く理致を超えて機関を除け。機関を除けば、決まった型（窠臼《かきゅう》）は無い。水は是れ水、山は是れ山。
（『法語』「示藤丞相」大仏全九五、一二五上）

向上についてては、その具体的な有りようを、円爾の語録である『聖一国師語録《しょういっこくしごろく》』は、次のように伝える。

向上の一路はさらに一線に通じず、凡聖の重要な渡し場を截断する。（中略）もし真実の相に居りたいと望むのであれば、ただ無心が道である。また木石ではないので、霊霊として常に知っており、了々として分明である。視たり聞いたりは普通のままで、さらに込み入ったものはない。
（『聖一国師語録』「示空明上人」大仏全九五、一二二上）

ここに示される悟りの境地は無心と表現され、それは明らかに世界を知っており（すなわち捉えており）、了了として明らかであるという。しかも、見たり聞いたりは普通のままであるというから、これは、感覚器官はそのままに機能していて、外界をありのままに捉えている状況を表現している。さて、このような表現が意味する内実はどのようなものであろうか。

この表現の意図するところは二つ考えられる。インド仏教の観において対象を捉える時に、言語的な了解が入らずに対象を区別だてして捉えている段階があることを述べたが、この段階を象徴的に表現したという解釈と、もう一つは言語的な了解の段階を指しているという解釈である。ただし、どちらも対象を気づいていることには変わりはない。

とすれば、これは観の実践を指していることは間違いない。一つの対象にのみ気づいているのか複数の対象に気づいているのか、この文章からだけでは明瞭ではないが、対象を気づいていること自体は間違いなく、山と水という二つがあげられている点から判断すれば、複数に気づいているのであろう。とすれば、明らかに観ということができる。しかも、先に「無心」であると述べているから、言語的な機能は停止している。この点から考えれば、対象を区別だてして捉えている状況であろう。このような気づきが続けられれば、戯論が生じないよう、我々の心が変化していくことは間違いない。そして、無分別の境地にも至るであろう。ここから考える限り、聖一国師の修行は、インドからの伝統を忠実に踏まえていると言える。

ところで、向上の公案を、さらに詳細に説明したのは南浦紹明であったとみえ、「天は是れ天」「地は是れ地」「山は是れ山」「水は是れ水」「眼は横ざま、鼻はまっすぐ」などの言葉を挙げている（『禅門法語集続』所収、大応国師「仮名法語」五五頁）。また、向上は向下とも表現される場合があることにも注意が必要である。

良遍の理解

さて、円爾と関係の深い人物として、法相宗の良遍（一一九四〜一二五二）を挙げることができる。良遍は、先に述べた円爾の『宗鏡録』講説を耳にし、法相宗と禅宗の異同を真正面から考察する資料を残した。これが『真心要決』である。本書は最初一巻本として書かれたと推定されるが、後に補いをしたとみえ、最初の一巻が前抄となり、追加部分は後抄になり、後抄はさらに本末に区分され、計三巻本となった（蓑輪二〇一三）。この三巻本の前抄の識語に、円爾が普門寺に「宗鏡録を講説したのを風聞」したと書かれているので、実際に講演の場に預かった訳ではなさそうであるが、法相と禅との異同を纏める貴重な資料である。この資料に興味深い記述が登場する。

是を以て諸仏の極証は一念無生なり。生死を超絶し身心は冥寂たり。心を以て、心を求むれば、心は還《ま》た外境、空に住して空を取らば、空もまた情有なり。一心を観んと欲せば、須《すべから》く一心を止むべし。心の外に心無きが故に。畢空を知らんと欲せば、須く空を見ること勿かるべし。空すなわち亦た空なるが故に。無心の心は心を截《き》るの利刀、不観の観は観を摧《くだ》くの金剛なり。何ぞ況や余の種々の有相の色、声等の念に於いてをや。但し全く知らざるには非ず。霊霊として之を知る。見ると雖も見るを待たず、聞くと雖も聞くを待たず、見ると雖も見ざるが如く、聞くと雖も聞かざるが如し。見るに任せ聞くに任せ、分別を挙げず。全く無生の浄心に違背せず。この心、即ち是れ本来の所得、修して得るには非ず、一切の凡夫、乃至田夫野人等の類も皆、已に之有り。是の故に名づけて本来菩提と為す。

（大正七一、九〇上）

本書では良遍は伝統的な仏教用語をあまり使用せず、自らの言葉でその境地を語っている。悟りの境地においては、見たり聞いたりの見聞覚知の作用は歴然として存在しているにも関わらず、「見るに任せ聞くに任せ、分別を挙げず」と述べているので、判断や了承という言葉の働きも、他と区別だてする分別もないものであったことが知られる。同じような表現は次の箇所にも現れている。

真実を論ぜば、不生不滅、改易有ること無し。有に非ず無に非ず、言慮は皆、絶す。故に此の一心は、一切の位の中に、常住周遍し、一味平等なり。色等を見る時は、鏡の形を照らすが如く、分別もて見るには非ず、分別もて聞くには非ず。只だ自然に見、自然に聞くなり。明了なり、湛湛なり、深妙なり、難思なり。

（大正七一、九一上）

言語による慮《おもんばか》りが一切、絶えた状態が悟りの境地と位置づけられ、そのような状態では「色等を見る時は、鏡の形を照らす如く、分別もて見るには非ず、分別もて聞くには非ず。只だ自然に見、自然に聞くなり」と述べているから、分別を離れた状態、すなわち無分別の状態であることが示されている。但し、それは言語による分別を離れて自然に見たり聞いたりと、先と同じように表現されているのである。また、その「明瞭なり」との表現には円爾の用いた「霊霊と知る」や「了了と知る」に近いものがある。

次に道元（一二〇〇〜一二五三）の場合を見ておきたい。周知の如く、道元は曹洞宗の祖であるが、『正法眼蔵』「現成公案《げんじょうこうあん》」の、次の記述が参考になる。

仏道をならふとは自己をならふ也。自己をならふといふは、自己をわするるなり。自己をわするるといふは、万法に証せらるるなり。万法に証せらるるといふは、自己の身心および他己の身心をして脱落せしむるなり。

（『道元禅師全集』上巻、七―八頁）

この文章はとても有名なものであるが、仏道は自己の身心、他己の身心を脱落せしめることだと述べるのである。「万法に証せられる」というのは、認識の対象になったものが、ただ心の中に現れ出しているだけで、こちら側からそれを捉えようとしていないことを言おうとしていると解釈される。その背後には、初期仏教以来の伝統的な「名」と「色」の関係があると考えられるが、言おうとしていることは、判断や了別の働いていない「無分別」の境地であると考えられる。なお、この時の身心の脱落とは、心に生じた捉えられる対象と、捉える心の働きとの双方に執着しないことと考えられる。また、『普勧坐禅儀《ふかんざぜんぎ》』の次の記述も重要であろう。

心意識の運転を停め、念想観の測量を止めて、作仏を図ることなかれ。

（『道元禅師全集』下巻、三頁）

ここでは、心が作り出す働きが、心意識、念想観と表現されて、それらを停止させるべきだと語られており、これは心の働きが静まっていく、止の方向性を語っていると考えられる。

最後に蘭渓道隆の著作に触れておきたい。蘭渓道隆は、日本に宋朝の禅風を導入した僧侶として重要であり、無住一円の『雑談集《ぞうだんしゅう》』によれば、彼が住した鎌倉の建長寺は、異国のようであったと伝える。その彼が述作したと伝えられる『大覚禅師坐禅論』は、心の観察を伝統的な仏教用語を用いて述べている点で、とても興味深い。ここでは二つの問答を取り上げる。

問いて曰く、無心とはいかん。若し一向に無心なれば、誰か見性し、誰か悟道し、誰か亦た説法教化を為すべけんや。

答えて曰く、無心とは、一切の愚痴の心無きを言うなり。邪正を弁ずる底の心無きを言うには非ざるなり。我れ衆生を思わず、亦た仏を望ず、亦た迷いを思わず、悟りを思わず、人の尊敬にも従わず、名利養聞を望まず、毒害怨讎を厭わざれば、一切の善悪に付いて、差別の念を起こさざるを、無心の道人と言うなり。故に道は無心にして道に合す、と云々。

（『仏教』明治二十七年、四〇、二〇頁）

問いて曰く、煩悩、菩提は一心より起こること分明なり。何れの処より始めて起こる耶。答えて曰く、色を見、声を聞き、香りを嗅ぎ、味を嘗め、触を覚え、法を知るは六根の徳用なり。この境に付いて善悪を分かち邪正を弁ずる底の智恵なり。此において人我を立て愛憎を起こすは皆、妄見なり。此の邪見に依りて著相を成ずるを迷と名づく。此の迷より色受想行識の五蘊を起こす、是を煩悩と名づく。煩悩の衆生の身体を建立するを以ての故に、殺生、偸盗、邪淫、妄語等の悪行を好み、終に三悪道に堕つ。皆、是れ妄念より起これり。此の妄念わずかに起こる時、直ちに妄念を転じて本性に向かはば、即ち無心を成ず。已に無心に安住することを得れば、五蘊の身は即ち五分法身の如来を成ぜん。是を応に住する所無くしてしかも其の心を生ずと謂う。是の如く用心するは修行の大用なり。（同書、四一頁）

最初の問答では、無心というのはまったく心の働きがないことを言うのではなく、愚痴の心の起こらないこと、すなわち邪正を分ける心の働きはあっても、あらゆる善悪に対して差別の念を起こさないことを言うのだ、と述べている。また次の問答でも、六根の働きを認め、善悪、邪正を区分けする智慧があっても良いが、そこに人我を立て愛憎を起こせば、誤った妄見であると位置づけている。これは、ありのままに判断する、すなわち六根の働きとそれによって描かれた世界を捉えるのは良いが、その先に心が動くことを戒めていると理解される。つまり、ありのままに認識することは是認するが、それ以外の妄念が生じること、伝統的な言葉で言えば戯論を起こすことを戒めている。すなわち、無分別ではないが、如実に知見することに留まることが求められている。結局、禅宗では、無分別を推奨することも、如実に知見することを推奨することも、双方ともにあったと考えられるのであり、そこには、専門家あるいは信者に向けられたものという相違が存在するのかも知れない。

次に日蓮（一二二二〜一二八二）の場合を見ておきたい。日蓮の実践として重要なものは題目を唱えること、いわゆる唱題に存在するが、ここにも心の観察の視点を見ることができる。日蓮にとって止観の視点が重要であったことは、後半生においてしばしば行われた天台講に見て取ることができる。この天台講は『金吾殿御返事』に「此大師講、三四年に始めて候が、今年は第一にて候つるに候」（昭和定本、四五八頁）とあることから、文永三年（一二六六）または四年（一二六七）頃から開始されたものと考えられている。

この天台講において「止観巻五下を読む」との記述がしばしば遺文に見えるのである。「止観巻五下」の箇所は『摩訶止観』の重要な部分である正修止観章である。つまり日蓮は、天台講においては『摩訶止観』正修止観章を選んで講義をしていたことが知られるのであり、それは、止観に関心を持っていたことの証左であろう。

実際、日蓮は、『曾谷殿御返事《そやどのごへんじ》』（建治二（一二七六）年、八月曾存）の中で、釈尊の悟りを次のように表現する。

釈に云く「境淵無辺なる故に甚深と云ひ、智水測り難き故に無量と云ふ」。抑此の経釈の心は仏になる道は豈に境智の二法にあらずや。されば境と云ふは万法の体を云ひ、智と云ふは自体顕照の姿を云ふなり。而るに境の淵ほとりなくふかき時は、智恵の水ながるる事つつがなし。此の境智合しぬれば即身成仏するなり。法華以前の経は、境智各別にして、而も権教方便なるが故に成仏せず。今法華経にして境智一如なる間、開示悟入の四仏知見をさとりて成仏するなり。此の内証に声聞辟支仏更に及ばざるところを、次下に「一切声聞辟支仏所不能知」と説かるるなり。この境智の二法は何物ぞ。但南無妙法蓮華経の五字なり。（昭和定本、一二五三頁）

日蓮が使用する境智冥合《きょうちみょうごう》という言葉は、捉まえられる対象としての「境」と、捉まえている心の働きである「智」が不思議にも一致すること（冥合）を意味する。これは対象を気づいていると言い換えることができる。すなわち、冥合ということは捉まえられている対象にも捉まえている心の働きにも気づいていなければ、その両者が一致していることを把握できない。とすれば明らかにその両者に気づいていると言える。日蓮はこれが悟りであると表現するのであるが、それは「南無妙法蓮華経の五字」であるとも主張する。五字と表現する場合は『法華経』に説かれる真実を指す。ところで、この主張は論理を超えた信の世界を一気に表出するのであるが、題目が悟りの世界と一致すると主張しており、境と智との冥合の重要性に確かに気づいている。

さて、佐渡に流される直前に書かれた『寺泊御書《てらどまりごしょ》』（文永八年）の中に、「或人云く、唯教門計りなり」（昭和定本、五一四頁）という、他者からの日蓮への批判の記述が存在するが、その批判に対する答えの意味も含んで述作されたものが『如来滅後五五百年始観心本尊抄《かんじんほんぞんしょう》』（『観心本尊抄』と略記）である。本書は、如来滅後の末法において、初めて「観心」と「本尊」について独自の立場を明らかにしたものと考えられる。この『観心本尊抄』は問答体の形式をとるが、次のような言及が注目される。

問うて曰わく、出処、既に之を聞く。観心の心、如何。答えて曰わく、観心とは我が己心を見て、十法界を見る。是を観心と云うなり。（昭和定本、七〇四頁）

自らの心を観察して、そこに生じる十法界を見る、すなわち地獄から仏界に至るまでの十の世界、つまり様々な性質を持った心の働きを見ることが観心であると述べている。しかも己心に仏界を具することの難信難解を言い、次のように述べる。第十四問答である。

然りと雖も、我らが劣心に仏法界を具すること、信を取り難し。（中略）釈尊の因行果徳の二法は妙法蓮華経の五字に具足す。我ら此の五字を受持すれば、自然に彼の因果の功徳を譲り与えたまう。（昭和定本、七一一頁）

ここでも最終的に釈尊の因行果徳が妙法蓮華経の五字に備わっているという信の問題に還元されてしま

うが、そのように信じることのできる者には自然に悟りが備わることになる。

また、平易に心の観察に相当する日常を伝えようとした手紙の文章も残る。それは日蓮の弟子になった四条金吾《しじょうきんご》（一二二九～一二九六）に送ったものであるが（『四条金吾殿御返事』）、次のように表現される。

苦をば苦とさとり、楽をば楽とひらき、苦楽共に思い合せて、南無妙法蓮華経と唱へ給へ。是（れ）豈に真の自受法楽に非ずや。（昭和定本、一一八一頁）

この表現はとても平易なものであり、「苦をば苦とさとり」、「楽をば楽とひらく」と述べているが、これは、物事をありのままに気づいて受け止めていることであり、その上で題目を唱えることを推奨していると理解される。苦を苦と受け止め、楽を楽と受け止めてしまえば、次の働き（戯論）は起こらない。ここにも次なる心の働きを起こさないことを目指したことが見て取れるであろう。

近世初頭の展開

近世に入って、仏教界は徳川幕府の支配下に入るという大きな変化を蒙った。これは中世までは権門の一つであり、公家や武家と同等の立場であった寺社家が、武家の支配下になったと言う意味で、大きな変化をなす出来事であった。さて、仏教界では心の観察という点で、禅宗、とくに臨済宗に新たな展開が見られる。一つは盤珪永琢《ばんけいようたく》（一六二二～一六九三）禅師が活躍し、禅を庶民に広め、もう一つは白隠《はくいん》慧鶴《えかく》（一六八六〜一七六九）が登場し、新たな方法論を提示した。まず盤珪から考察する。盤珪は臨済の妙心寺派に所属する僧侶である。その教えは「一切事は不生で整う」あるいは「不生の仏心」であり、「不生禅」を提唱したと位置づけられる。彼は平易に禅の教えを説いたといわれ、その記録とされるものが『盤珪禅師法語集』である。いささか長くなるので、番号を付しながら引用したい。

①仰せに曰く、この座中に、僧俗大勢御座ることぢゃが、身共が若き自分に、一念不生と申すことに気づきまして、説き聞かせまするようにござる。この一念と申すことは、第二、第三に落ちたることとでござる。僧の衆は、不生の身にてござれば、不生の場には、説きませう事もござらず、また聞かしゃる事もござらぬ。然れば、仏心は不生にして、霊明なる故に、事々物々にうつりやすうござって、その向ふ物々に転じ仕替へまする程に、因みに出家衆も聞かしゃれい。

（『盤珪禅師法語集』一九七五、三―四頁）

②さて、皆の衆が、こちら向いて御座るうちに、後ろで泣く雀の声を、烏の声とも聞き違はず、又、鐘の音を太鼓の音とも聞き違はず、男の声を女の声とも聞き違わず、大人の声を子供とも聞き違はず、皆それ〴〵の声を一つも違はず、明らかに通じ別れて、聞きそこなはず聞かしゃるは、霊明の徳用といふものでござるわいの。これを則ち、仏心は不生にして霊明な物といひまする、その霊明の証拠でござる。

（四―五頁）

③もし又、我は聞かうと思ふ念を生じて居た故に、聞いたといふ人がござらば、それは妄語の人でござる。身共がかう云ふ事を、こちら向いて、盤珪は如何やうの事を云はるると、皆耳を傾けて、一心に聞かうとしてこそはござれ、後ろにてそれぞれの声のするのを、聞こうと思うてゐる人は一人もござらぬ。然るに、時ならずひょっ〱と、それぞれの声が通じ別れて、聞きたがはず聞こゆるは、不生の仏心で聞くといふものでござる。我は前かたから、それぞれの声がせば聞かうと思ふ念を生じて居た故に、聞いたという人は、ひとりもこの座にはござらぬ。それなれば、不生の仏心で聞くといふものでござる。（五頁）

④この座には、一人も凡夫はござらぬが、もしこの座を立たしゃって、敷居一つ越えて、人がひょっと行き当たるか、又、後ろから突き倒すか、或ひは宿へ帰りて、子供でも、下男下女でもあれ、我が気にいらぬことを、見るか聞くかすれば、早やそれに頓着して、顔に血を上げて、身の贔屓故に迷うて、つい仏心を修羅に仕替へまする。その仕替へる時までは、不生の仏心で居まして、凡夫ではござらなんだが、一念、向こうなものに貪着し、つい、ちょろりと凡夫になりまする。（九頁）

①②③の記述は、人間が持つ感覚機能を述べる文である。感覚機能としては、眼、耳、鼻、舌、身（と意）を上げることができるが、ここでは聴覚機能に焦点を当てている。そこで、生まれながらに聞

くという機能を備えていることを「霊明の徳用」と表現する。

この四つの引用文の中で興味深い記述は④である。④は、自然に聞くことができている時には怒りの気持ちを生じさせることはないが、「我が気に入らぬ」ことや、子供や下男が何か言うときには、前とは異なって、怒りの気持ちが生じると述べるのである。これは、ありのままに聞くことが普段、できていても、私たちの心は、何か別の感情が入ると、それができなくなってしまうことを示している。心に生じた余計な感情が、素直に物ごとを聞くことから妨げているのである。

ここから盤珪が、見聞覚知をそのまま受け止めることに重きを置いていたことが知られる。怒りは自らの心が起こした反応であることを示しているので、心の働きをそのままに見つめる視点を持っていたことは確実である。そして、その視点は、観の視点に他ならない。

ここに説かれる私たちの心は、普段はただありのままに外界の出来事を受け止めているが、心に何かあると「修羅」の心に変わってしまうという。つまり感情的な他者への思いがあると、同じことばを聞いても、その反応が変わってしまう事を述べている。修羅の心は何かを聞いて、次から次へと心が走り出すという有り様を指しているが、これは明らかに、最初の認識を切っ掛けに、第二の矢が起きていることを述べている。そして、その第二の矢が起きないように心を整えるべきことを、平易に説いていると位置づけることができる。

次に注目できる人物が白隠慧鶴である。白隠の法系は、南浦紹明から始まり、愚堂東寔《ぐどうとうしょく》、至道無難《しどうぶなん》、道鏡《どうきょう》慧端《えたん》、白隠慧鶴と次第し、応灯関《おうとうかん》（鎌倉時代、幕府の保護下にない林下に属し妙心寺の発展の基を築いたとされる、大応国師（南蒲紹明）、大灯国師（宗峰妙超）、関山慧玄の三人のこと）の流れの上にある。川柳に「駿河には過ぎたるものが二つあり富士のお山と原の白隠」と読まれたほどの有名人であるが、その禅の修行は激しいものであったらしく、一度、禅病を患い生死をさまよったという。此の時、京都の白川の仙人白幽子《はくゆうし》から内観の法を習い、回復したと伝えられる。

この時の体験が元になって書かれたものが『野船閑話《やせんかんな》』と『遠羅天釜《おらでがま》』である。『遠羅天釜』は鍋島藩主の病に対し、養生を主に述べ、また『法華経』に対する信仰も説いている。養生の方法として軟蘇《なんそ》の法なるものを説いている。

さて、白隠の指導法として有名になるのは「隻手《せきしゅ》の音声」と呼ばれる公案である。この公案は次のように説明されている。

老父、初め十五歳にして出家、二十二三の間大憤志を発して、昼夜に精彩をつけ、単々に無の字を参究し、二十四歳の春、越の英巌練若《えいがんれんにゃ》において夜半に鐘声を聞いて忽然として打発す。夫れより今年四十五年が間、親戚朋友を択らばず、老幼尊卑を捨てず、何とぞ一回大事透脱の力を得られよかしと、或ひは自己に付て疑はしめ、或ひは無の字を挙揚《こよう》せしめ、種々方便をめぐらし、提携教喩しけるに、其中間少分相応を得て歓喜を得たる人々は、老幼男女、緇素尊鄙《しそそんぴ》、大凡《おおよそ》数十人に及ぶべく覚へ侍り。此の五六ケ年来は、思い付きたる事侍りて、隻手の声を聞届け玉ひてよと指南し侍るに、従前の指南と抜群の相違ありて、誰々も格別に疑団起り易く、工夫励み進みやすき事、雲泥の隔てこれある様に覚へ侍り。是に依て只今専一に隻手の工夫を勧め侍り。

（沖本克己『泥と蓮――白隠禅師を読む』二〇〇七年、二六一―二六二頁）

隻手の音声は「各別に疑団起こり易」いと述べているので、多くの疑問が湧く点で推奨されたものと考えられる。これは心に疑問が次々と湧きだし、心の働きの容量オーバーが起き易いと捉えていたのであろう。そして、これは初期仏教の観による無分別と同じ境地を目指したものと位置づけることができる。

なお、中世の円爾のところで触れたが、釈尊の教えの分類をより詳細にしつつ、その範囲を拡張した点でも、白隠は注目できる。この分類は弟子の東嶺円慈《とうれいえんじ》（一七二一～一七九二）等にも継承されたが、法《ほっ》身《しん》・機関《きかん》・言詮《ごんせん》・難透《なんとう》・向上《こうじょう》の五種からなる。なお、機関・向上は円爾の分類にすでにその名称が見える。ここの法身は理致に相当する。言詮は言葉によって明らかにされるもの、難答は文字通り「答えにくいもの」である。

良寛、日臨および妙好人

さて、良寛《りょうかん》（一七五八～一八三一、曹洞宗の僧侶で清貧の中に暮らしたことで有名）も、心の観察の点では平易な表現で興味深い言及を残している。それは、新潟で地震に遭遇したときに、親族に送ったという手紙の中に認められる。その言葉は次の通りである。

災難に逢ふ時節には災難に逢ふがよく候、死ぬる時節には死がよく候。是はこれ災難をのがるる妙法にて候。

（『良寛全集』一九八九年、四九二頁）

ここにも現在をそのままに受け止めるという姿勢が見て取れる。

次に取り上げる日臨《にちりん》（一七九三〜一八二三）は日蓮宗の僧侶である。十九世紀初頭に活躍をするが、近世初頭の深草の元政《げんせい》（一六二三〜一六六八）の著作に影響を受けたという。日臨の残した記録にとても興味深い記述が存在する。

妙法を唱ふる法はわが唱ふる音声が、一々わが耳にきこゆるやうにすべし。一へんも聞そこないたるは懈怠とするべし。譬へば美饍の舌うちして味《あじわい》を知るが如しと思し召べし。

（『本妙日臨律師全集』一九四二年、二二四頁）

これは「醒悟園より長谷信徒に与ふる書（其の四）」と題された文章の一部であるが、妙法を唱えるときには、その唱えている自分の声が、いちいち自分の耳に聞こえるようにしなければならないと述べている。これは明らかに、観を実践していることがわかる。しかも始終、気をつけて観察していることが知られる。

江戸時代の信仰として、浄土真宗の妙好人《みょうこうにん》も注目される存在である。彼らの実践は心の観察と全く関係がないように思われているが、その到達した境地は、心の観察と関連するものと位置づけることができる。それは、戯論を起こさないという視点から見れば、明らかにそのような境地を実現しているからである。鈴木《すずき》大拙《だいせつ》が収集した、次の二つの資料を見てみよう。

（加賀の国、小松の「森ひな」さんの書き留めたもの）
われのちからで、でるとはおもうた、そうじゃなかった、おやちから。たりき、たりきと　おもう
てゐたが、おもうたこころが　みなじりき。じごくきらひの　ごくらくのぞみ、のぞむこころも、
みなじりき。こうか、ああかとはかりてゐたが、はかるがでない、ただのただ。ああ、ありがたい、
なむあみだぶつ。
（鈴木大拙『妙好人』、一九七六、一九九〇年、三二―三三頁）

（島根県岩見の国の小浜村の浅原才一　昭和七年に没　の読んだもの）
ぐちが、出た出た、またでた、でたよ。なむあみだぶつと、　つろをて　でたよ。機法一体、これ
がこと。よこめふらずに　これをたのしむ。ごをんうれしや　なむあみだぶつ。わしの貪欲、みな
取られ、世界わ　わしがなむあみだぶつ、わたしや、あなたに、みなとられ、ねんぶつもろうて、
なむあみだぶつ。わしの心の八万四千、のこるまもない、なむあみだぶに、まるで、とられて。
（鈴木大拙、同書、一二二―一二四頁）

最初の資料は、こころに外の世界を受け止めても、「はかるがでない、ただのただ」とあり、嫌いとか望むとかの、次なる心の反応がないことを述べている。二つ目の資料も、「わしの貪欲、みな取られ」と、こちらは南無阿弥陀仏の念仏に貪欲が取られたとするが、次なる心の反応が生じないことを述べる。どちらも、心が起こす第二の矢すなわち戯論が生じないことを謳っているのである。ここに、止観による戯論の消滅とは異なり、信によって、同じく戯論の消滅に至ったことが知られるのである。

近代の展開

近代はヨーロッパから新たな仏教研究が紹介された時期であり、南条文雄や高楠順次郎がイギリスに留学し、パーリ学の伝統が日本に伝わった。仏教の思想研究に焦点が当てられ、仏教経典の成立に関する議論も盛んに行われ、姉崎正治の『仏教聖典史論』(一八九九)や、村上専精の『大乗仏説論批判』(一九〇三)などが重要な著作として残された時代である。しかし、心の観察に関する資料は比較的少ない。そのような中で、大正期に活躍する浄土宗の山崎弁栄《やまさきべんねい》(一八五九〜一九二〇)は、修行に造詣の深い僧侶として有名であった。平井金三(一八五九〜一九一六)もようやく知られるようになった人物であろう。ここでは、この二名を取り上げる。

弁栄は青年時に筑波山中で念仏修行を行ったといい、また晩年には浄土宗本校(現在の大正大学)の創設を願って勧進を行った。また明治二十八年(一八九五)に渡印し、仏跡巡拝を行っている。さて、彼の伝記に伝えられる記事を見てみれば、彼は念仏という観点から心を見つめている。

口に称名を唱え意を専注して弥陀を念じ、漸々に余の雑念も薄らぐ。念ずる所の弥陀に神を投じ、弥陀が我か、我が弥陀かと離れぬ精神状態に入って完き調和の成りし所即ち三昧という。こころ…第一に入神を大切にすべし。入神とは自己の識神を弥陀の霊中に投ずるなり。真に自我を如来の霊中に入るる時は余念全く亡じて心なく恰も蝉の脱殻のごとく、而して識神は弥陀の霊中に清き声を揚ぐるなり。

（田中木叉『日本の光――弁栄上人伝』、一九九七、六三頁）

弁栄の体得した境地は阿弥陀仏と一体化した三昧の境地であった。「一心に念仏する窓には弥陀の霊光射し来る。春風徐《ゆる》うに吹きて和気靄々と流るる三昧の兆候霊性に現ず」（同、六四頁）との言葉からも、三昧すなわち止の境地を重視したことが知られる。また独特の観点から三十七菩提分法を強調していることも知られている（佐々木二〇一五）。

平井金三は英語に堪能で、明治三十二年（一八九九）にはユニテリアン教会（神の唯一性を強調する主義を大切にする一派）に参加、統一的な宗教意識に芽生えたという。そして、東京外国語学校の教授を務め、高楠順次郎（一八六六～一九四五）らとともに日印教会を結成した。明治四十三年（一九一〇）に東京外国語学校を辞職し、大正二年（一九一三）、東京に上京し、呼吸法に基づいた異色の居士禅の会を始めた。そして、大正三年（一九一四）には『〈心身修養〉三摩地』という心の観察に関する指南書を作成した。この作法書には、知識や知恵では人は幸福にはなれない、人は五感に頼っている、人は目に騙される、など、私たちの日常が五感によって作られていることが述べられている。そして、三摩地の紹介が、四禅、四無色禅と説明されるのであるが、観には言及されていない。彼の場合も、心の観察の上では、止に関心が置かれていたと言わざるを得ない。

戦後・現代の展開

戦後、注目される行として、日蓮宗の中に唱題行《しょうだいぎょう》が登場した。これは止観の点からみると、興味深い。戦後の昭和二十年代に湯川日淳《ゆかわにちじゅん》師が本格的に始めたものと言われるが、まず浄心行と呼ばれる心身の調和のための行と、唱題というアクティブな正唱行と、最後に深心行と称して静かに座る行、そして、最後に祈願行と請願行とが組み合わさっている。声に出して唱える行は、天台の分類に従えば、「歴縁」の言語に相当しよう。浄心行、深心行では、心をありのままに観察していれば、観の部類に入るであろう。

しかしながら、その後は、あまり大きな動きは、仏教界には存在していない。心の観察に関連する行が再び正面に出てくるのは一九九〇年代からである。もちろん、戦後しばらくしての一九五八年に、北九州市門司に設立されたミャンマー寺院での活動が存在したが、残念ながら、あまり普及することは無かった。実際に日本に広まる契機を作ったのはスリランカの比丘、スマナサーラ師であろう。彼は駒澤大学で一時期学んだ後、上座仏教修道会の支援を得て、活動を始めた。その後の紆余曲折はあるが、上座部仏教の伝えたサマタとヴィパッサナーを紹介して、日本において一定の成功を収めた最初の人物となった。

また、その少し前から、ゴーエンカ師の指導する修行道場も知られるようになっていた。ゴーエンカ師は、ミャンマーの瞑想指導者、ウーバーキン師の弟子であるが、ウーバーキン師の師は、十九世紀末から二十世紀にかけて活躍したレーディ・サヤドゥ師である。ミャンマーでは、レーディ・サヤドゥ師とマハシー・サヤドゥ師が、心の観察の上で重要な人物であり、両者ともに、仏教の瞑想を復興させた人物として名高い。なお、レーディ師は、サマタを十分に実習したあとで、ヴィパッサナーに移行する止行者の流れに属するようであるが、マハシー師は、サマタはさほど重視せず、ヴィパッサナーを最初から実習させる傾向がある。ここには、止行者と観行者の二つの流れが、今も存在することを実感させられる。なお、マハシー師は、呼吸の観察に相当するものを腹部の膨らみ、凹みで観察する新しい方法を提唱し、現在、その方法は広く認知されている。また、手の動きをもとに観察をする手動瞑想を考案したルアンポー・ティアン・チッタスポー師も注目される人物であろう。

またタイランドでは、アーチャンチャー師が、現在、瞑想指導者とし名高い。彼はワット・ノーンポーンという森の寺院の創設者でもあり、この森の寺院は、グループ化して東南アジアからオーストラリアにかけて広く存在し、良く知られている。

その後、心の観察は、アメリカ経由で、マインドフルネスとして再び二〇〇〇年代から注目されるようになった。こちらは二つの起源があると位置づけられる。一つはベトナムの仏教者として有名なティク・ナット・ハーン師が、大乗と上座部仏教の中に流れている心の観察法を、英語でこのように表現したところから、知られるようになった。このグループはフランスのプラムヴィレッジを拠点に世界中で活躍している。

もう一つの起源は、アメリカのマサチューセッツ大学医学大学院教授であったジョン・カバット・ジンが体験した、韓国や日本の禅宗の修行から取り出されたものである。ジン教授は大乗の禅宗の中に伝わった心の観察法が、ストレスの低減に役立つと考え、ストレス低減法として、宗派性を超えて、マインドフルネスを世界に紹介した。彼は日本の曹洞禅に大きな影響を受けたと語っている。大乗の伝える瞑想法も、上座部仏教の伝える瞑想法も、基本的には異ならないことを実感させられるところである。これをＩＴ企業のグーグルが採用してから一躍脚光を浴びるようになり、日本にも逆に紹介されるようになった。そして、心理学や教育学、脳科学の世界でも、注目されるようになったのである。

日本でいち早くジョン・カバット・ジン教授のマインドフルネスに注目したのは、臨床心理学の世界の学者であり、その先陣を切ったのは、早稲田大学文学部心理学科の春木豊教授を中心としたグループであった。そして、臨床心理学を学ぶ人々を中心に、二〇一三年にマインドフルネス学会が設立された。そこでは、マインドフルネスの定義を次のように述べている。

今、この瞬間の体験に意図的に意識を向け、評価をせずに、とらわれのない状態で、ただ観ること。

仏教の伝えた観の観察は、現代風に言い換えれば、確かにこのようになるであろう。仏教の伝えた心の観察法は、現在ではいろいろな分野で注目され、応用されているのである。

おわりに

釈尊の時代から現代まで、仏教の修行の体系は、基本的に変わらずに伝持されてきていると考えて間違いはない。たしかに瞑想に関しては、様々な展開があり、その捉えられる対象も、おおきく変化して新たなものが追加されている。しかしながら、止と観という大きな枠組みと、その目指した所を基準に考えてみれば、時と場所を越えて、貫かれている共通の部分を見いだすことが可能なのである。

そして、現在、東南アジアに広まっている観（ヴィパッサナー）における念（サティ）は、さかのぼれば、インドの瞑想の紹介の所で述べた『ミリンダ王の問い』に定義された「念」の記述にまでたどり着けるように思われた。ただ、現在では観が重視され、止の観察が軽視される傾向が東南アジアには、また一方、止の観察が重視される傾向が東アジア世界には、あるような感じがする。まだまだ述べ足りていないこともあるが、ここで擱筆としたい。

《付記》　本論は学術振興会科学研究費、挑戦的研究（開拓）課題番号18H05302「仏教学・心理学・脳科学の共同による止観とマインドフルネスに関する実証的研究」（二〇一八年度―二〇二〇年度）による研究成果の一部である。

第二章　ブータンの実践仏教と国民総幸福（ＧＮＨ）

熊谷誠慈

はじめに

ブータンと幸福

現在の日本で「ブータンという国を知ってますか」と問えば、多くの人は「もちろん知っている」、「あの幸せの国ね」などと答えることであろう。最近、テレビをつけると、ドキュメンタリー番組や世界を旅するクイズ番組などでブータンがしばしば取り上げられている。にこやかな村人たちの笑顔や、豊かな自然に、疲れ切った日本人の心が癒されるといった設定が殆どである。「幸せの国ブータン」が、近年のブータンのキャッチコピーとなっている。

ブータン（Bhutan）という国のことを日本人に広く知らしめることになった契機は、ブータン王国のジクメ・ケサル・ナムゲル・ワンチュク第五代国王（一九八〇〜）ご夫妻の来日であろう。二〇一一年三月十一日の東日本大震災により、我が国は大きく変わった。絶望を乗り越えるため、日本中が被災地の惨状に目を向け、団結して被災地の支援に尽力した。その際、「絆」という言葉を国民の多くが競って用いた。他方で、多数の外国人が日本から急いで脱出していくという残酷な現実も、我々は目の当たりにしなければならなかった。そうした中、二〇一一年十一月十五日に、第五代ブータン国王がジェツン・ペマ王妃とともに来日した。

誰もが驚いたのは、国王夫妻が真っ先に向かった場所が福島であったことだ。福島県相馬市に到着した国王夫妻は、同行したブータンの高僧たちと一緒に、犠牲者のための追悼法要を行った。地元の小学校では子どもたちと交流し、現地の子どもたちを大いに元気づけた。そうした様子が連日テレビで放送され、多くの日本人の心を打った。

また、国会でのブータン国王の演説はまさに圧巻であった。彼は、官僚の作成した原稿の読み上げではなく、自身の言葉で、日本文化と日本人に対する心からの尊敬と親愛の念を述べた。日本人の持つ誠実さと忍耐強さを根拠に、日本が震災から立ち直ることができることを力強く訴えかける若き国王の姿を目にし、百戦錬磨の国会議員たちも感極まって涙を流していた光景を、今でも筆者は思い出す。

そのような状況をメディアが見逃すはずもなかった。国王夫妻の訪日中には連日、各地への訪問の様子が詳しく放送されたほか、ブータン特集が何度も組まれ、「幸せの国ブータン」というキャッチフレーズが国民を虜にした。

ブータン国王の来日時に起こったいわば「ブータンブーム」も、数カ月後には収束していった。しかし、ブータンが忘れ去られたという訳ではなく、むしろブータンが日本国民の間に定着し、事態が落ち着いたと言った方が正確であろう。このブータンという国には、「美男美女で誠実な国王夫妻」以外にも、魅力的な要素が幾つかある。その一つがＧＮＨ（国民総幸福、Gross National Happiness）政策であった。単にブータン国民がのんびりと幸せに暮らしているということではなく、政府が主導して国民の幸福を向上させるための政策を行っているという事実に、行政関係者や識者は驚き、大きな興味を抱いた。また、同国が仏教国であり自然が非常に豊かであるという点も、わが国と共通しており、自然と日本人の大きな共感を呼んだ。

このＧＮＨという政策は、すでに国王の来日前から、開発学や経済学などの分野においては注目されていたが、その政策に仏教の影響がある（すなわち仏教の実践形態の一つである）という事実に注目している研究者は殆どいなかった。或る研究者は、現地のインフォーマントからの情報として、ＧＮＨと仏教とは何の関係もないと言い切っていたほどである。しかし、筆者（熊谷二〇一四b）が指摘したように、ＧＮＨ政策は、理念的に仏教と無関係どころか、国政に応用・実践された仏教といっても良いものである。

ここで問いが起こる。ブータンという国は、ＧＮＨ政策を標榜してはいるが果たして本当に幸せな国なのか。また、ブータンの仏教は人々の幸福に繋がっているのか。ブータンの仏教と政治、社会との関係は如何なるものか。特に、仏教とＧＮＨ政策とはどういう関係にあるのか。ブータンでの仏教実践法、そして、ＧＮＨ政策は他国に応用可能なのか。

本章では、これらの問いに答えるべく、ブータンという国に焦点を当て、ブータンにおける仏教の歴史と現状を概観する。そして、特にブータンにおける仏教の実践が、ブータンの人々と社会の幸福にどう寄与しているかを検証する。さらに、ブータンの仏教実践や幸福政策が、他国へも応用可能か否かについても検討する。

図1　ブータンの地図

第一節　ブータンの概要

ヒマラヤの王国ブータン

ブータン（図1）はヒマラヤ山脈の南麓に位置する立憲君主制の王国である。国土面積は三万八四〇〇平方キロメートル、わが国の九州程度の大きさである。北側はチベットに接し、西側はインド共和国シッキム州（さらにその隣はネパール）、東側はアルナチャル・プラデーシュ州、南側はアッサム州および西ベンガル州に接している。国土がインドとチベットに囲まれていることから、ブータンは双方に強い影響を受けてきた。

北端は七〇〇〇メートル級の山々がそびえる高山地帯、南端は標高五〇〇メートル以下の亜熱帯地域で、多様な気候のもと様々な動植物が生息している。また、言語や文化も様々である。西ブータンではチベット語に近いゾンカ語を話す。ゾン

図2　シャプドゥン・ガワン・ナムゲル

カ語は現在のブータンの国語ともなっているが、東ブータンではツァンラ語（シャチョップ語）を、そして、南部に多く住むネパール系の住民はネパール語を話す。また、ブータン北部のラヤ、東端のメラ、サクテンなどの地域では独特の伝統衣装を身に着け、地域ごとに文化の差異は著しい。

宗教については人口の約七十五パーセントが仏教徒で、残りの約二十五パーセントはヒンドゥー教徒である。近年、キリスト教に改宗する人々も出てきているが、その数は少ない。人口は僅か八十万人程度の小さな国だが、多種多様な気候、言語、文化、宗教が見られ、訪問する外国人は後を絶たない。

ブータンに統一国家が成立したのは十七世紀前半のことである。シャプドゥン・ガワン・ナムゲル（一五九四～一六五一、図2）がチベット仏教の一派であるドゥク派による宗教国家「ドゥク・ユル」（ドゥク派の国、すなわちブータン）を建国したが、それ以前は、現在のブータンの地に統一国家は存在せず、同地はチベット文化圏の僻地に過ぎなかった。一九〇七年にワンチュク王朝が誕生し、世俗国家となって現在に至る。なお、国名については、現在もゾンカ語では「ドゥク・ユル」と呼ばれている。インド側からは、サンスクリット語でBhoṭānta と呼ばれていたが、西洋人たちがBootan, Bhotan, Boutan,

などと呼び出し、西洋では最終的に現在のBhutanという表記に落ちついたようである。

ブータンへの仏教伝来

先述のとおり、十七世紀以前には、現在のブータンの地には統一国家は存在せず、あくまでチベット文化圏の僻地に過ぎなかった。ただし、チベットそのものだったのかと言われると、そうではない。チベット語でチベットは「プー」と呼ばれる。「プー」とは、現在の中華人民共和国チベット自治区に、青海省および四川省の一部を加えた、ヒマラヤ山脈以北の広大なチベット高原に広がるチベット人の居住地域一帯を指す。

他方、ブータンや、その東隣のインド共和国アルナチャル・プラデーシュ州タワン県および西カメン県周辺の地域は「モン」と呼ばれていた。「モン」とは「暗闇」という意味であるから、当時のチベット人たちにとって、これらの土地はいわゆる「黄泉の国」のようなイメージであったのかもしれない。ブータン人(ドゥクパ)もインドのタワン県や西カメン県の人々(モンパ)も、民族的にはチベット人(プーパ)とは区分されるが、七世紀から十九世紀までは、宗教的にも政治的にもチベット文化圏の枠組みで語られていた。なお、ブータンは、一九八五年には南アジア地域協力連合(SAARC : South Asia Association for Regional Cooperation)に加盟したことから、以後、国際政治的には南アジア圏に属することになる。

七世紀以前のブータンについては歴史書の記述が存在しないため、考古学的研究に頼らなければならないが、紀元前二〇〇〇~一五〇〇年頃には、現在のブータンの地に人間の住んでいた痕跡があるとも

図3　キチュ寺

考えられている。例えば、マイケル・アリス（Aris 1979）は、ブータンで入手した石器を紀元前二〇〇〇～一五〇〇年頃のものと推定している。ただし、炭素測定などの科学的な調査が行われているわけではないので、年代の確定には注意が必要である。

北隣のチベットに初めて統一王朝が誕生したのは七世紀前半のことであった。中央チベットを征服し、吐蕃《とばん》王朝を創立したソンツェン・ガンポ王（五八一／六一八～六四九）は、周辺地域の統一をも進めていった。インドからチベットに仏教が公式に伝来したのも、同王の時代だと言われている。

ブータンの伝承では、ソンツェン・ガンポ王はブータンの地にも仏教寺院を建立したとされている。例えば、ブータン西部パロ県のキチュ寺（図3）や、ブータン中部ブムタン県のジャンパ寺（図4）などがそれである。

現在のブータンの地において、チベット仏教各宗派の布教が本格的に始まったのは十二世紀末頃だと推定される。吐蕃王朝が崩壊した九世紀末以降、チベット仏教は衰退を余儀なくされたが、十一世紀頃に仏教復興運動が起こり、当時の最先端のインド仏教が中央チベットを経由して、チベット文化圏に広く伝播していった。

図4　ジャンパ寺の中庭で五体投地をする信者

今枝由郎（二〇〇三）も述べるように、ブータンは中央チベットのすぐ南方に位置しており、チベット仏教側にとっては絶好の布教地域であった。さらに、ブータン領内の温暖な地方では米や竹製品などの生産が可能であり、標高三〇〇〇メートルを超える資源の乏しいチベット高原に居住していたチベット人たちにとっては、施主を獲得するうえでも魅力的であった。そうした背景から、チベット仏教の各宗派が積極的にブータンへの布教を行なっていった。

ブータンに伝わったチベット仏教諸宗派とニンマ派、ドゥク派

チベットには、ニンマ派、カギュ派、サキャ派、ゲルク派という四大仏教宗派が現存するが、それらはブータンにも伝播した。ニンマ派は、中央ブータンから東ブータンにかけて非常に大きな勢力を持つ一方、国教の位置を占めることになるドゥク派は西ブータンに勢力圏を築いていった。また、ゲルク派は東ブータンの一部に勢力を保ってきた。ほかにも、サキャ派は北ブータンから西ブータンの一部に拠点を築いていたが、別稿（熊谷二〇一四a）で述べたように、同国のサキャ派は一九五九年を境に消滅した。また、シャプドゥンがブータンに亡命した際に攻撃を仕掛けてきた「ラマ五派」と呼ばれる五つ

図5　ツァンパ・ギャレー

の少数宗派も、十七世紀前半までにはブータンに拠点を確保していた。

後にブータンの政権を担うことになったドゥク派は、十二世紀末に誕生した。開祖はツァンパ・ギャレー（一一六一～一二一一、図5）である。この人物については、史料不足のため長らくその人物像は不明であったが、近年の研究により、少しずつ明らかになってきた。彼の生涯、著作、思想については別稿（Kumagai 2018、Kumagai *et al.* 2012）を参照されたい。

ツァンパ・ギャレー自身の活動はチベット内にとどまり、ブータンでの布教はできず仕舞いであったが、第二祖の時代にドゥク派のブータン進出が始まる。第二祖ダルマ・センゲ（一一七七～一二三七）は、弟子のパジョ・ドゥゴムシクポ（一一八四～一二五一）を現在のブータン西部に派遣し、現在の首都ティンプー北部にあるタンゴ寺（図6）など、多数の寺院を建立させた。また、パジョが現地で子孫を残したことで、ブータン西部にドゥク派の支持基盤ができあがった。彼らの子孫たちは、十七世紀前半、亡命時のシャプドゥンを手厚く支援することになる。

ドゥク派の本山はラルン寺であり、チベットの首都ラサから南西の方向、ブータンとの中間付近に位置している。ドゥク派は他の宗派よりも本山がブータンに近く、ブータンへの布教という意味では地理的に有利であったと思われる。開祖ツァンパ・ギャレーがラサ近郊に寺院を建立した時、雷が数回鳴ったと言われている。チベットでは、雷鳴はドゥク（龍）の鳴き声だとみなされていたことから、この寺院は「ドゥク寺」と呼ばれるようになり、それが宗派名にもなった。後に建国されたブータンは、ゾンカ語（ブータンの国語）やチベット語では、「ドゥク・ユル」（ドゥク派の国）と呼ばれるが、これは同寺の名称に由来する。以後、ドゥク派はラルン寺とドゥク寺を本山とし、ブータン西部との結びつきを強

図6　タンゴ寺

図7　ラルン寺の本堂

図8　ドゥク寺

めていった。

ドゥク派の分裂とブータンの建国

今枝（二〇〇三）によると、仏教僧は戒律によって妻帯が認められていないため、出家者である座主は子どもをもうけることができず、息子に後を継がせることができない。そこで、一族で寺を継承していくために、兄弟の息子（甥）に座主を継がせるという「叔父・甥継承制度」が確立した。ツァンパ・ギャレーを祖とするドゥク派の座主も、叔父から甥へと引き継がれる形で、彼の一族であるギャ氏によって保持されていった。しかし、十五世紀頃になるとドゥク派においても高僧の化身《けしん》制度が採用されるようになった。化身制度とは、高僧が死後に化身として生まれ変わるという考えに基づく制度で、ダライ・ラマが有名である。ドゥク派においては、第十三代座主ゲルワンジェ・クンガペンジョル（一四二八〜一四七六）が開祖ツァンパ・ギャレーの化身と見なされ、以後、化身の系譜が続くことになる。

十六世紀に活躍した高僧ペマ・カルポ（一五二七〜一五九二、図9）の死後、化身認定をめぐってドゥク派は分裂することになった。彼はドゥク派史上最高の学僧とも言われ、死後に二人の化身候補が現れた。一人はチョンゲ地方の領主の息子パクサム・ワンポ（一五九三〜一六四一）、もう一人はドゥク派の第十七代座主シャプドゥン・ガワン・ナムゲルであった。両者の内紛が激化したことにより、中央チベットのツァン地方の摂政が介入し、チベット側からはパクサム・ワンポが真正な化身と認定された。化身認定騒動に敗れたシャプドゥン・ガワン・ナムゲルは、本山のラルン寺からブータン西部に拠点

図9　ペマ・カルポ

を移した。すでに同地には、パジョの子孫たちが移り住んでおり、シャプドゥンが拠点を置いた際には強力な支持基盤となった。シャプドゥンのブータン亡命後、西ブータンのティンプ県、パロ県、プナカ県、ワンデュポダン県西部は、シャプドゥンの支配下となり、以後、ブータン中部、東部への遠征が行われていくことになった。なお、ブータンの東端のタシガン県のカリン近隣がドゥク派の勢力下に入ったのは、シャプドゥンの死後である一六五六年のことであった。

シャプドゥンによるブータン統一は、決して平和裡に行われたわけではなかった。シャプドゥンがブータンに移動し、ゾンと呼ばれる僧院兼要塞を建設するや否や、「ラマ五派」と呼ばれる既存の五宗派が、シャプドゥンに攻撃を仕掛けてきた。シャプドゥンが彼らを退けると、ラマ五派はチベットのツァン地方の摂政にチベット軍の派遣を要請し、数回に亘るブータン遠征が行われた。しかし、シャプドゥン側の粘り強い守備の結果、やがてラマ五派やチベット軍も矛を収め、ブータンは独立国として見做されるようになったのである。

ドゥク派政権による国家運営

かくして十七世紀前半、シャプドゥン・ガワン・ナムゲル率いるドゥク派による統一国家が誕生した。同国は、チベット語やゾンカ語ではドゥク・ユル（ドゥク派の国）と呼ばれ、インドやイギリス側からはブータン（チベットの端）と呼ばれた。シャプドゥンはブータンの政治と宗教の全権を保持していたが、晩年には摂政（デシ）と大僧正（ジェケンポ）を任命し、政治と宗教の権力をそれぞれに委譲した。以後、シャプドゥンを頂点とし摂政と大僧正を代理統治者とする三者での、聖俗両面による国家運営体制が続いていくことになる。

歴史学的には一六五一年にシャプドゥンは亡くなったとされているが、ブータンの伝統では、彼は同年に旧都プナカの城塞（ゾン城塞）の一室に籠り、今も瞑想を続けていると信じられている。日本でいえば、高野山で現在もお籠り中として信仰を集める弘法大師と似ている。

一六五一年以降、摂政と大僧正の任命に際しては、当該者が直接シャプドゥンの部屋に入り、シャプドゥンから直々に任命を受けるという形式をとっている。

仏教的精神性の観点からはシャプドゥンは死んでいない（瞑想中）ことになるので、シャプドゥンの死後の生まれ変わりとしての化身は存在しないという理解になり、生きているシャプドゥンの分身として、身体（身）、言葉（口）、心（意）の化身が誕生した。ただし、全権を手にしているのは、あくまでプナカの城塞（プナカゾン）にて瞑想中のシャプドゥンであり、その権力を委譲される形で、摂政が政治を、大僧正が宗教を司るという体制が続いていく。

国家運営の面では、摂政が重要な役割を担っていた。摂政のもと、ペンロプと呼ばれる三名の行政官が、ティンプ以外の三つの地域を治めた。まず、西部をパロ・ペンロプが、南部をダガ・ペンロプ、そして中部および東部をトンサ・ペンロプが統治した。特にトンサ・ペンロプはブータン国土の三分の二程度の広大な領地を統治していたので、三人のペンロプの中でも最大の勢力を持ち、その権力は時として摂政を凌ぐほどであった。

大英帝国との関係

ブータンは長らく、チベット文化圏の枠組みの中でのみ国際関係を構築してきたが、十八世紀以降、欧米からの影響を受けるようになった。欧米の中でも主としてイギリス、そしてイギリス領インド帝国からの影響である。

ブータンの地にドゥク派の統一王朝が成立したのち、十七世紀後半から十八世紀にかけて、ブータンは、南側のコーチ・ビハール地方に進出し、勢力下に置いた。十八世紀後半には、トンサ・ペンロプの任命したコーチ・ビハールの領主がイギリス東インド会社に寝返り、東インド会社とトンサ・ペンロプが衝突、東インド会社側が勝利し、トンサ・ペンロプ側はブータン領内に撤退した。

以後、目立った衝突はなかったが、十九世紀半ばに再び緊張関係が生まれた。一八五一年、イギリス側がアッサム地方の領有を宣言し、ブータン側に対して年間一万ルピー（約二四〇〇ポンド）の補償金を支払うことを一方的に宣告し、両者の緊張が高まった。イギリスとブータンの間で交渉が続けられたものの不調に終わり、一八六四年十一月十二日、インド総督がブータンに対して宣戦布告、ドゥアール戦争が起こった。一年にわたる戦闘の末、ブータンは降伏し、一八六五年十一月十一日にイギリスとブータンとの間でシンチュラ条約が結ばれた。ブータンは南側に広がるアッサム、ドゥアール地方の領土を失い、その補償として年間五万ルピーがブータン側に支払われることになった。

この戦争でイギリスと戦ったのは、当時トンサ・ペンロプであったジクメ・ナムゲル（一八二五〜一八八二）であった。ジクメ・ナムゲルは、イギリスとの戦争から彼我の軍事力の差を痛感し、以後、周辺諸国とのいさかいをやめて、摂政に就任後はブータン国内の引き締めをはかっていく。その方針は、後にブータン王国の初代国王となる、息子のウゲン・ワンチュク（一八六二〜一九二六）へと引き継がれることになる。

ドゥク派政権の終焉とブータン王国の成立

ジクメ・ナムゲルの時代にはすでにブータン国内はほぼ統一されていたが、地方領主たちの反乱が断続的に続いていた。ウゲン・ワンチュクは、パロ・ペンロプからトンサ・ペンロプへと昇格し、一八八〇年代には内乱をほぼ終息させた。

一九〇七年、プナカの会議にてウゲン・ワンチュクが初代ブータン国王に選出され、ワンチュク王朝が誕生した。この瞬間、二五〇年以上続いたドゥク派の宗教政権から、ワンチュク王朝による世俗政権へと移行したのである。

ただ、ブータン国王は摂政と同格と見なされ、あくまで瞑想中のシャプドゥン・ガワン・ナムゲルから任命、委託されることで、はじめて国の統治を行うことが可能となる。つまり、皇太子が国王になる際には、摂政同様、プナカゾンのシャプドゥンの部屋に入り、お籠り中のシャプドゥンから直々に許可をもらう必要がある。

初代ブータン国王ウゲン・ワンチュクは、国王就任後の一九一〇年、イギリスとプナカ条約を結んだ。この条約は、一八六五年に父ジクメ・ナムゲルが結んだシンチュラ条約を更新したものである。それにより、補償金が年間五万ルピーから十万ルピーに増額された。また、イギリス政府がブータンの内政に干渉しないことが明記されたが、外交に関してはイギリス政府の助言に従うことが義務付けられた。

二代国王ジクメ・ワンチュク（一九〇五〜一九五二）の治世における最大の出来事は、一九四九年八月八日に締結されたインド・ブータン友好条約であろう。この条約は、イギリスからのインド独立を受け、一九一〇年にイギリスとの間に締結していたプナカ条約を改訂したものである。この条約により、インドとブータンは互いの内政に干渉しないという合意がなされたが、外交に関する条項は引き継がれ、ブータンはインド側からの助言に従わなければならなかった。以後、ブータンはインドとの結びつきを強め、外交的にはインドの意向に従う代償として、インドから経済援助を受け国土開発を進めるという関係が出来上がる。なお、外交干渉の条項が撤廃されたのは、二〇〇七年のことであった。

ブータンの近代化（三代〜五代国王）

三代国王ジクメ・ドルジ・ワンチュク（一九二九〜一九七二）は、ブータンの近代化、国際化を急速に進め、「近代ブータンの父」と呼ばれる。彼は、インドのカリンポンやスコットランドなどで受けた英国式教育の中で国際的な視野を広げた後、一九五二年に即位した。

即位翌年の一九五三年には国民会議を、一九六五年には行政監視のために王立諮問委員会を設置し、絶対君主制から立憲君主制への移行に着手した。また国土開発も積極的に進めた。一九六一年には第一次五か年計画が開始され、インドの出資により、道路や学校、病院などの建設が進められた。この五か年計画はその後も続けられ、二〇二〇年現在は、第十二次五か年計画（二〇一八〜二〇二三年）の中間にあたる。三代国王の最後の大仕事は国際連合への加盟（一九七一年七月二十一日）であろう。国連への加盟により、世界各国からブータンが独立国家として認められることになった。

一九七二年、三代国王の急死をうけ、同年にトンサ・ペンロプに就任していた皇太子のジクメ・センゲ・ワンチュク（一九五五〜）が、十六歳という若さで四代国王として即位した。彼は複雑な国際関係のなか、国の独立を維持するための難しい舵取りを強いられた。

第二次大戦後、南アジアや中央アジアへの領土的野心を持つ中華人民共和国と、それを防ごうとするインド共和国との間で緊張が高まり、両国に挟まれた国々は衝突に巻き込まれていった。一九五九年には中華人民共和国によってブータン北隣の仏教国チベットが併合され第十四世ダライ・ラマ（テンジン・ギャンツォ、一九三五〜）はインドに亡命、一九六二年には東隣のインド共和国アルナチャル・プラデーシュ州で中印国境紛争が起こり、一九七五年には西隣の仏教国シッキムがインド共和国に併合され、ブータン側の緊張も否が応でも高まった。一九四七年、ブータンはインド・ブータン友好条約を締結したことで、インドとの結びつきを強めていった。一九八五年には南アジア地域協力連合（ＳＡＡＲＣ）が発足し、ブータンは南アジアに属することになった。七世紀の吐蕃王朝成立以降、ブータンは主としてチベット仏教文化圏に属していたが、近代以降の国際政治の流れの中で、ヒマラヤ山脈以北のチベットは中華人民共和国、すなわち東アジアに組み入れられ、他方、ヒマラヤ山脈以南のブータンは南アジアに組み込まれることで、チベットとブータンは分断されることになった。

内政に関する四代国王の最大の功績の一つは、ＧＮＨという概念の提唱であろう。二〇〇八年に制定されたブータン王国憲法の第九条第二項にも、ＧＮＨを国の指針とすることが述べられている。

二〇〇六年十二月、皇太子のジクメ・ケサル・ナムゲル・ワンチュク（一九八〇〜）が五代国王に即位した。四代国王の進めてきた改革は、五代国王によってさらに促進されていく。

その中でも大きな業績の一つは、ブータン王国憲法の制定（二〇〇八年）である。一六二九年頃、シャプドゥンが『チャイク・チェンモ』（僧院大法典）を制定した。一九五七年に『ティムシュン・チェンモ』（基本大法典）が、そして、二〇〇八年にブータン王国憲法が制定されたのである。もう一つは二〇〇八年に開始された直接総選挙である。それまで、国民議会（下院に相当）の一院制であったのが、二〇〇八年には上院に相当する国家評議会が設立され、二院制となった。

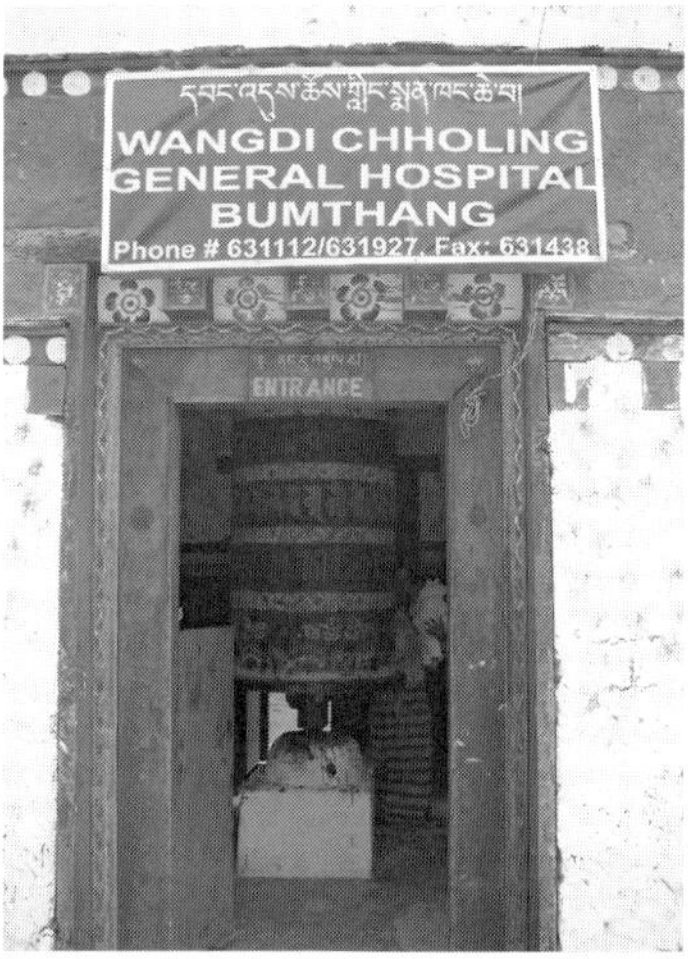

図10　ブムタン県の県病院。入口にマニ車が設置されている。

ブータン社会における仏教の影響

前述のように、一九〇七年にワンチュク王朝が誕生し、ドゥク派による仏教政権から世俗政権に移行したが、仏教は同国の文化的、社会的基盤であり続けた。

ブータン王国憲法第三条第二節では「ブータン国王はブータン国内における全ての宗教の守護者である」（The Druk Gyalpo is the protector of all religions in Bhutan）と説かれ、信教の自由、宗教の平等性が説かれている。しかし、同条第一節に「仏教はブータンの精神的遺産であり、平和の原則と価値、非暴力、慈愛と寛容性を促進するものである」（Buddhism is the spiritual heritage of Bhutan, which promotes the principles and values of peace, non-violence, compassion and tolerance）と言われているように、ブータンの伝統宗教といえばやはり仏教を挙げざるを得ない。

例えば、中央ブータンのブムタン県の県病院では、建物に入る際、入口の門に設置された大きなマニ車（観音の六字真言の刻まれた円柱状のもので、右向きに回すことで利益があると考えられている）を回しながらでなければ入りにくい構造になっている。いわば回転ドアのようなものである。

また、あらゆる公的機関の公共スペースに仏像や仏画が安置され、それらに囲まれながら執務を行うといった環境が存在する。もちろん、信仰に関する強制はなく、仏像を目の前にして拝む必要もなければ気に留める必要もない。しかし、信仰があるにせよ、ないにせよ、常に仏像や仏画が目に入ってくるのは事実である。

近年まで娯楽の少なかったブータンにおいて、祭りは一大娯楽行事であった。その祭りの殆どが仏教絡みのものであり、僧侶の読経、仏教演劇の上演と続いて、最終日には大仏画が本堂の屋上から掲げられる（図11）。

図11　クジェ寺でのツェチュ祭の最終日に掲げられる大仏画

このように、ブータンに暮らす者にとって、仏教との関わり合いが皆無ということはあり得ない。

また、仏教は政府に手厚く保護されている。特に国教のドゥク派は、僧院の建築や修繕、僧侶の教育や生活費などは大よそ政府からの援助で賄われる。結果、優秀な僧侶が多く輩出し、国民や社会に対して大きな還元が行われている。ドゥク派の僧侶はいわゆる国家公務員であるため、僧侶たちの側にも国民と社会に奉仕をしようという意識が強い。その意味でも、ブータン仏教は社会実践の色合いが非常に濃い形の仏教と言えよう。

ドゥク派側は政府や国民からの支援に感謝し、王家や政府、国民たちは仏教側に人生の助言や心の癒しを求めるという相互依存関係が存在する。他方で、ブータンには政府との依存関係にない、多数宗派も存在する。それはニンマ派である。ニンマ派は国教ではないため、国からの援助は少なく、僧院の建立や改築の補助金など、部分的な補助にとどまる。原則、自力で布施を集めて、宗派の運営資金としている。ドゥク派に比べて財政的には引けを取るものの、政府や国民の意向に縛られない自由な宗教活動が可能となっている。

このようにブータンでは、多種多様な形で、仏教が社会や文化と密接に関わっている。後述する個人や社会の幸福についても、仏教との関わり抜きに語ることはできない。

第二節　ブータンの仏教とその思想

上述の通り、ブータンという国家は、仏教との関わりなくして語ることはできない。わが国もブータンほどではないが、仏教は社会や文化と密接に関わり合ってきた。ではその仏教なる代物は、果たして何のために存在するのか。この問いに対して、現在の多くの日本人は明確な回答を持ち合わせていないであろう。恐らくは葬式や法事をしないといけないから、或いは先祖代々の墓を守らなければならないからといった理由が提示されるのではなかろうか。では、なぜ葬式や法事をしなければならないのか、なぜ墓を守る必要があるのか、それに何の意味があるのかといった問いを立てる人がどれだけいるであろうか。一昔前であれば、そんな質問は無粋なこととして、真剣に取り上げられることもなかったであろう。

他方、ブータン人たちに「仏教は何のために必要なのか」と問えば、「涅槃《ねはん》（煩悩や苦しみからの完全な脱却）を得るためだ」という回答がおおよそ返ってくる。そもそも仏教に対するブータン人の姿勢は非常に合理的である。例えば、死者は四十九日を経ると来世に生まれ変わるため熱心に葬送儀礼に努める。しかし、四十九日目以降の法事、つまり、一周忌や三回忌、七回忌といった法事は原則として行われない（但し、事情がある場合には死後三年ほど年忌法要を行うこともある）。ブータン人が年に一度（或いは数度）行う法要は、死者への追善のためではなく、地域の護法尊への祈願による家族や地域の無病息災、或いは一切衆生（全ての生き物）の幸福を願って行われる（図12）。

図12　民家での法要の風景

遺骨は散骨する（粘土に砕いた遺骨を塗り込んで仏塔の如く円錐状にしたものを聖地に置いて帰る、図13）ため、墓を作る必要もなければ、墓を維持するための心理的、経済的負担がない。先祖を祀る墓に参るのではなく、仏像や経典があり僧侶のいる寺院に参詣し、仏壇で日々の勤行を行い、聖地を巡礼する。その目的は、自分自身や親族を含めた一切衆生が涅槃を獲得するためである。

僧侶であれ、在家者であれ、ブータン人にとっての仏教の目的

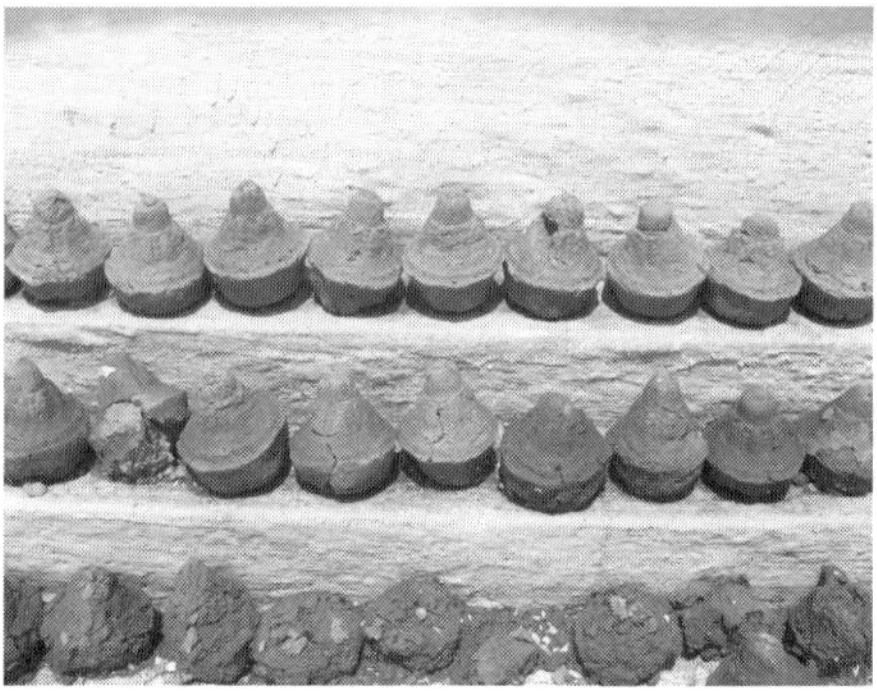
図13　ツァツァと呼ばれる遺骨と粘土を混ぜ合わせ円錐状にしたもの

は、涅槃、すなわち究極的幸福である。彼らの多くは、涅槃という究極的幸福が世俗的幸福よりも上位に位置づけられることを理解している。その一方で、在家者の生活においては、富や名声といった世俗的幸福は重要な位置を占めており、それを捨てて顧みないということはない。しかし、勝手気ままな自己利益の追求がそのまま是認されるわけではなく、世俗社会においてさえ利他に通ずる利益追求が強く推奨される。ここに大乗仏教の利他思想の影響が見てとれる。後述のGNHも、仏教倫理を世俗生活に応用し、仏教に矛盾しない世俗的幸福を実現するための理念、政策である。この点で、GNHはブータン社会における仏教実践の一例ともいえよう。

ブータン国民にとっての仏教

ブータンの実践仏教を語る上で興味深いデータが存在する。ブータンのGNH調査（二〇一〇年）によると、ブータン国民が祈りを捧げる時間は一日平均一時間を超える。六十五歳以上の年代では、一日あたり三時間半以上を祈りや瞑想などの宗教活動に捧げている。他方、二十歳以下の年代にあっても、一日平均三十分以上を宗教活動に充てているという事実は特筆すべきであろう（図14、15）。

日々の生活を、生産、消費活動に充てることが是とされる現代の日本社会においては、読経や瞑想などの宗教活動は時間の浪費だと思われるかもしれない。他方で、一九九〇年代以降、マインドフルネスや内観などの効果が脳科学的に証明されるにつれ、欧米社会では、仏教修行の一部が高く評価されるようになった。そして西洋の街を歩けば、瞑想の宣伝広告を目にするような時代になってきた。その意味では、ブータン社会は欧米をリードする先進的精神社会ともいえるかもしれない。

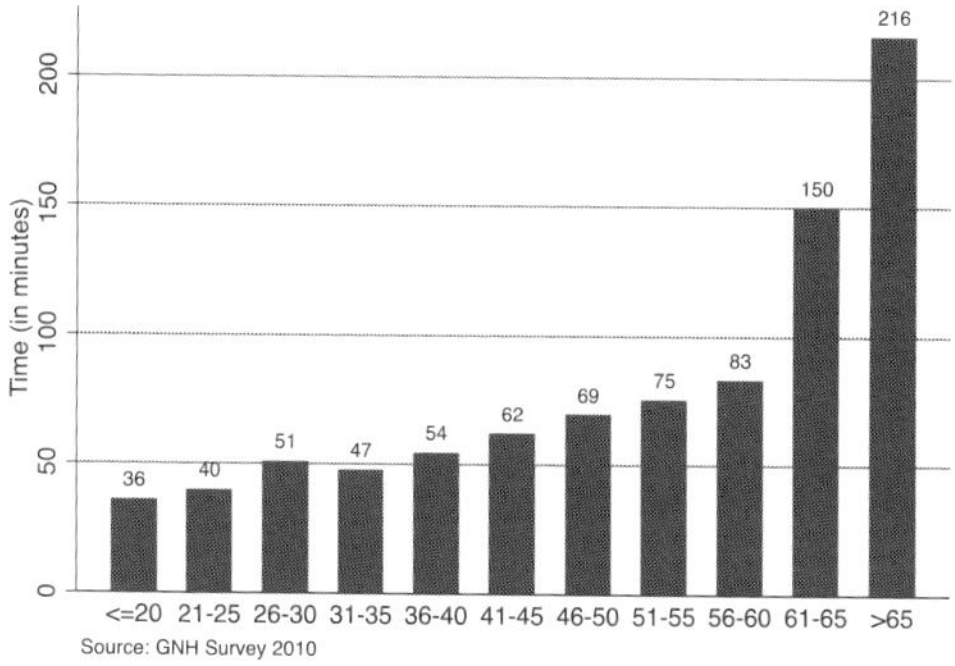

図 14　祈りに捧げる時間（年代別）

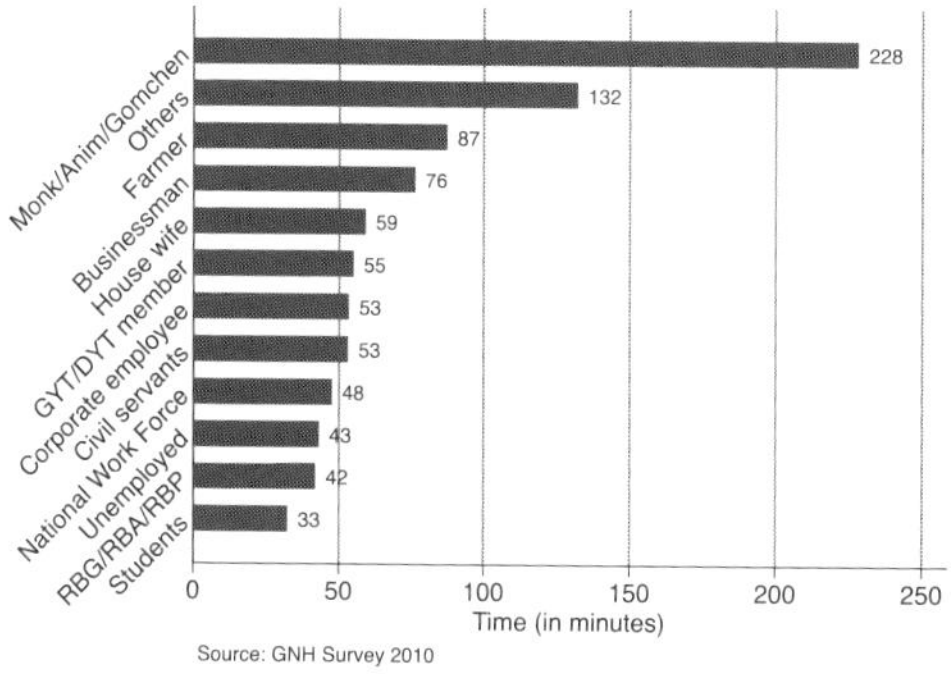

図 15　祈りに捧げる時間（職業別）

図 16　キチュ寺の境内でマニ車を片手に祈りを捧げる住民たち

ブータンの老若男女が仏教に関心を持つ（肯定的にであれ否定的にであれ）原因は、彼らを巡る環境にあろう。日々、仏教芸術や仏教法具に囲まれて生きていることで、仏教に直接触れる環境が存在する。ブータンの建築物には伝統的な装飾が施され、壁には仏教画が描かれ、至るところにタンカや仏像が置かれている。また、ブータンにマニ車は欠かせない。マニ車は円筒形で、側面には六字真言が刻まれており、内部には経文が納められた法具である。個人が祈りを捧げる際に使用する携帯用のマニ車もあれば（図16）、寺院の外壁に埋め込まれた中型のマニ車も存在する。また、大型建造物の入り口に設置された回転扉の如きマニ車や（図10参照）、水路に設置された水車の如き大型のマニ車も存在する。このような環境が、ブータンに生きる人々に仏教との触れ合いをもたらしている。

地域の寺院やチョルテン（仏塔）の周りには、年配の地域住民が集まり、朝から晩までマニ車を片手で回しながら周回したり、座って祈りを捧げたりしている光景が見られる（図16）。自身の祖父母や近所のお年寄りたちが仏教的活動を熱心に行っていることは、若者世代が仏教の存在を知るための一つの機会ともなる。

多くの若者世代にとって、仏教を楽しめる機会というのは、やはり祭りであろう。ブータンでは、ツェチュ（十日祭）という年に一度の仏教祭が、地域の中核寺院で催され、近隣住民が参加する。ツェチュは、インドの密教行者パドマサンババヴァ（グルリンポチェ）に捧げる祭りである。パドマサンババヴァは、八世紀に、インド仏教の最高学府ナーランダー寺の大学僧シャーンタラクシタ（Śāntarakṣita，七二五～七八八頃）とともにチベットを訪問し、密教を広めたとされる。教化を終え人間世界を去るに際し、「月の十日に法要を勤める人間のいるところには必ず戻ってくる」という言葉を残したとされる。パドマサンバヴァはブータンをも訪問して密教を広めたと信じられており、彼の遺言をもとに、旧暦の十日にはブータン各地でツェチュ祭が行われる。

図17　ニマルン寺のツェチュ祭の仮面舞踏

ツェチュ祭は数日に渡って行われ、僧侶たちによる読経、法要とともに、僧侶たちが様々な演目で仮面舞踏を行い（図17）、最終日には大仏画が開帳される（図11参照）。ツェチュ祭は、あくまでパドマサンババヴァを祀るための宗教儀礼であるが、村人たちにとっては重要な娯楽の機会でもある。例えば、村の若き男女たちは歓迎の歌や踊りを捧げ、観客たちからの注目を集めるとともに互いの親交を深める（図18）。ツェチュ祭は、年に一度の若き男女の出会いの場所としても重要な意味がある。また、会場となる寺院の外には多くの出店があり、買い物や娯楽を楽しむ姿は、わが国の祭りの様子と何ら変わることはない（図19）。

図18　ニマルン寺のツェチュ祭で歓迎の歌を歌う村娘たち

図19　ツェチュ祭の出店

もちろん、これらの仏教文化に関して、非仏教徒が信仰や参加を強制されることはないが、ブータンに生まれた若者たちが、幼き頃より仏教文化に触れることで、仏教に対して何らかの関心を持つにいたるのはごく自然なことである。

聖俗両立の起源（ドゥク派開祖ツァンパ・ギャレーの多様性とGNH）

ブータン人は、聖俗の幸福の使い分けが得意である。普段は金や権力に現を抜かしている人でも、ひとたび寺の敷地内に入ると一切衆生の幸福を祈り、さて、境内を出るや否や再度したたかな俗物ぶりを見せることがある。一見、矛盾しているように思えるが、世俗的幸福と究極的幸福をうまく両立させているという見方もできる。このような柔軟性は何に由来するのであろうか。

筆者は、そのルーツを、ドゥク派開祖のツァンパ・ギャレーという人物に見出している。ここで、筆者の研究（Kumagai 2018, 熊谷二〇一七）に基づき、ツァンパ・ギャレーの人物像や思想について紹介しておきたい。

ツァンパ・ギャレーは、一一六一年、中央チベットのツァン地方東部に位置するラルン近郊のギャ一族の村に生まれた。幼少期から宗教心が殊の外強かったとされ、僧侶の兄が彼の宗教教育に大きく関わった。興味深いことに、兄はツァンパ・ギャレーをあるボン教僧のもとに連れて行き、彼はそこで幼少期の学習を行った。ツァンパ・ギャレーの一族は恐らく、ボン教（チベットの土着宗教）との関係が強かったものと思われる。ツァンパ・ギャレーは仏教徒として出家した後にも、ボン教僧から多くを学んでいる。このような体験が、ツァンパ・ギャレーの人物像に見られる多様性や寛容性の源泉の一つとなったと考えられる。

ツァンパ・ギャレーという名前は「ツァン出身のギャ氏のレーパ」という意味である。そのうち、「レーパ」とは綿布一枚を纏った隠遁瞑想者のことである。この名前からは、在家の密教修行者という印象を受ける。確かに、彼はしばしば聖地を訪問し、隠遁瞑想を行っている。しかし、瞑想行者とは別の側面も同時に保持し続けた。それは出家僧としての側面である。

彼の出家年については伝記や歴史書ごとに異なるが、大よそ十二歳前後のことである。出家以降、ツァンパ・ギャレーは多数の仏教僧に師事した。彼らに学んだ科目として、密教や瞑想、密教儀軌が多く挙げられるが、一方で、仏教論理学や、中観派哲学、般若思想など、顕教の学習もおろそかにしていない。ツァンパ・ギャレーの著作集の内容（後述の図20）を見ても、彼が顕教と密教の両方に精通していたことが良くわかる。

隠遁瞑想者（レーパ）であったツァンパ・ギャレーが密教に通じていたことは容易に推測できるが、顕教にも秀でていた例話として、ここで彼の師匠のリンレーパとの出来事を紹介しておきたい。

或る日、ツァンパ・ギャレーはリンレーパから問答をしようと持ちかけられる。ツァンパ・ギャレーは師匠を論駁することで失礼があってはならないと断ったが、リンレーパは質問をするよう再度命じた。そこで、ツァンパ・ギャレーは「法身《ほっしん》の定義とは何か」と問うたところ、リンレーパは「法身の定義とは、生・滅・住の三つがないもの（skye 'gag gnas dang bral ba）である」と答えた。それに対してツァンパ・ギャレーは「その定義は虚空にも当てはまるため、虚空と法身が同一であるという誤りに陥ってしまう」と師の矛盾を指摘した。リンレーパは自身の誤謬を認め、ツァンパ・ギャレーを一層高く評価した。そして、以後、弟子間のトラブルを避けるために兄弟弟子との問答を禁じた。このエピソードから、ツァンパ・ギャレーが密教のみならず、顕教にも秀でていたことが見てとれる。実際、彼の著作には、詳細な哲学的議論がしばしば見られる。

また、殆どの伝記が、ツァンパ・ギャレーが比丘（具足戒を受けた正式な出家僧侶）になった年齢を三十三歳（一一九三年）としている。チベット仏教において、有名な学僧たちの大半が二十歳かその直後に比丘になっていることを考えると、高齢での受戒ということになる。彼が比丘になったのは、ツェルパ・カギュ派の創立者ラマシャン（Bla ma Zhang g-Yu brag pa brTson 'grus brags pa, 一一二三〜一一九三）の勧めによるものだと言われている。レーパと言われる隠遁瞑想者が比丘になることは珍しく、実際、彼が比丘になったことを批判する瞑想家たちもいたくらいであるが、ツァンパ・ギャレーは比丘になったことで、在家の密教修行者たちのみならず出家僧たちに対しても指導力を発揮するようになった。実際に、ゲシェー（仏教学博士）と呼ばれるエリートの学僧たちにもしばしば招待され、ラサ近郊で指導にあたったことが伝記に記されている。

しかし、比丘になった後も僧院に籠りきりにはならず、しばしば、チベット南部のカルチュや、南東部のツァリなどの聖地で隠遁瞑想を行い、道中では村人や放牧民たち、さらに地元領主たちの要請に応じて、俗人たちにも広く説法を行った。聖俗のいずれも軽視することなく、それぞれの立場に沿った実践仏教を説くツァンパ・ギャレーの姿勢は、聖俗の幸福をバランスよく追求するブータン仏教の礎となっているものと思われる。

出家後、ツァンパ・ギャレーは、ロンドル寺、ラルン寺、ドゥク寺という三つの僧院を建立した。このうち、ロンドル寺は瞑想場の近隣に建てられたことから、瞑想修行を行う際の滞在場所だったと想定されるが、ラルン寺とドゥク寺の二つの僧院は現存しており、現在もドゥク派の僧侶たちが常駐している。この二つの僧院は性格を異にする。まず、ラルン寺はツァン地方（ラサのあるウ地方の西隣）のツァンパ・ギャレー自身の生まれ故郷にあり、ギャ一族の氏寺的な側面が強い。一方、ドゥク寺はラサ近郊にあり、チベット仏教の中心地に位置する寺院ということになる。中央チベットの優秀な小僧を集めてドゥク派の僧侶として教育するという意味で、宗派としての重要な拠点だったと推定される。

以上、ドゥク派の開祖ツァンパ・ギャレーの生涯について簡単に概観した。幼少期にボン教僧と仏教僧の双方に教育を受け、密教の隠遁修行者でありながら哲学の勉強に励んで学僧となり、具足戒（仏教の出家修行者、すなわち比丘、比丘尼が順守すべき戒律）を受戒して比丘にもなった。比丘になったのちも、隠遁瞑想を定期的に行い、ラサ近郊では学僧たちを養成し、地方では領主の子弟を教育し、村では農民や放牧民たちを啓蒙した。また、おびただしい数の詩歌を作り、実用書も執筆した。すなわち、ツァンパ・ギャレーは、レーパ（隠遁瞑想者）、比丘（出家修行者）、教育者、文化人といった多様な側面を持ち合わせていた。ゆえに、様々な境遇、立場の人々に対して寛容であり得た。その姿勢は、彼の著作のジャンルにも見て取れる。

別稿（Kumagai *et al.* 2012, 表1）で筆者が指摘したように、彼の著作のテーマは多岐にわたる。それは瞑想や密教に限らず、哲学書から教育書、実用書に至るまで幅広い分野を網羅しており、彼の多芸多才ぶりを印象付ける。

筆者は、こうした開祖ツァンパ・ギャレーの多様性と寛容性の気風は、ドゥク派という宗派全体に継承され、ひいてはドゥク派を国教とするブータン国そのものの性格の形成にも繋がったものと考えている。

そもそもGNHという英熟語を考え付いたのは、第四代国王であるのは揺るぎのない事実であるが、それに相当するゾンカ語およびチベット語の「幸福の円満」(bde skyid phun tshogs) という言葉を、ツァンパ・ギャレー自身が既に約八〇〇年前に使用していたので、ここに挙げておきたい。

表1　ツァンパ・ギャレーの著作ジャンル

分野	作品数
i）　伝記・歴史	4
ii）　哲学	6
iii）　マハームドラー	3
iv）　瞑想	12
v）　実践	5
vi）　口訣	4
vii）　儀軌	2
viii）　詩歌	2
ix）　実用書	2

今世の「幸福の達成」(bde skyid sgrub pa) をするために、自らに生活必需品を備えていなくとも、〔自身の〕目標は師やダーキニーが〔達成〕してくれる。〔私は〕思ったことを何でも達成できる人間になれたことが嬉しい。

〔私が〕善行に真っすぐ入り、「幸福が円満した」(bde skyid phun sum tshogs) 時には、害悪をなす悪霊が〔私を阻害できずに〕慟哭し、〔慟哭の力で〕近くに存在する全ての神・霊が悪魔のようになってしまったほどである。

四代国王が上記のツァンパ・ギャレーの詩歌そのものを知っていたとは思えないが、ドゥク派開祖の言葉が、約八〇〇年という永い年月を経てドゥク派を国教と頂くブータンの基本政策の名称となったことは、仏教の実践を高く掲げる国であるがゆえの興味深い偶然の一致といえよう。

輪廻思想に基づく生活

ブータンの精神性、特に聖俗の幸福観を理解する上で、輪廻という概念を外すことはできない。輪廻思想は仏教にとって特に重要な思想であるが、ブータンをはじめとするヒマラヤ文化圏では、日常生活のいたるところにこの思想が行き渡っている。

全ての衆生は、天、人、阿修羅、畜生、餓鬼、地獄という六種の生存形態（六道）のいずれかに所属しており（図20）、それら六種に共通するのは、否応なく苦しみを受けねばならないということである。その輪廻の苦しみから完全に解放された状態が涅槃である。ブータンでは、様々な場所に六道輪廻図が描かれ、人々は輪廻から解脱して涅槃に至ることを望む。涅槃に至るために一生をどう過ごすかが、ブータン人にとっての人生の良き在り方であり、目的なのである。もちろん、地位や名誉、富といった世俗的幸福の価値も、社会生活を営む上で必ずしも否定はされないが、涅槃という究極的幸福がその遥か上に位置づけられることは彼らにとって疑いようのない事実である。

こうした輪廻思想は、人と人との間柄にも大きな影響を与えている。第五代ブータン国王の戴冠式（二〇〇八年）の際、国王は演説の中で次のように述べている。

父としてあなた方を守り、兄弟としてあなた方を助け、息子としてあなた方に仕えます。

この一文だけ見ると、国王の軽いリップサービスのように思えるかもしれないが、実はこれは単なるレトリックではない。三世（過去世・現世・未来世）の視点で見れば、全ての生き物は親子や兄弟なのだ。というのも、現世において血の繋がりのない者同士であっても、悠久の時を繰り返してきた過去世において一度は同じ家族に生まれたこともあるであろうし、未来世において一度はいつか同じ家族に生まれることもあろう。このように考えれば、国王は、父でもあり、兄弟でもあり、息子でもあることになる。ここに見られるのは、「謙虚な国王」というよりも、家族愛（＝国民愛）に満ち溢れた国王像である。

図 20　六道輪廻図

この輪廻思想に基づく家族関係は、人間のみでなく、全ての生き物に適用される。したがって、動物も長大な三世の視点で見れば家族ということになる。その一例が、ブータンのワンデュポダン県ポプジカ郡にある。ポプジカ郡では、オーストリア政府からの援助により村中に電線を通すという計画が持ち上がったが、村人たちは電線の設置を断った。その理由は、電線を張り巡らせると、冬にチベットから渡ってくるオグロヅルが電線に引っかかって危ないからというものであった。そこまでして電気はいらないというのが村人たちの回答であった。結果、電線を地中に通すことで了承を得、全世帯に電気が行き渡ることになった。

経済的に考えれば、地中への電線の設置は費用がかかり、非効率的である。また、この事例が動物愛護と見なされる場合もある。しかし、ポプジカの人々にとって、人類が下等なオグロヅルを「愛護する」という発想はない。あくまで三世的な家族として「共生する」という発想なのである。すなわち、人間がポプジカの地に引っ越してくる遥か昔から、オグロヅルという親戚が住んでいた。その親戚が自らの居住地に入れないように電流入りの鉄線を張り巡らせてしまうなど、言語道断ということである。

また、森林についても、「愛護」という発想にはならない。森林は、動物や神々という親戚の住み家である。よって、親戚の住み家を勝手に切り倒すことなどあってはならない、と彼らは考える。もちろん家屋の建築や薪などのために一定量の木材は必要となるが、伐採するのは生活に必要最低限の量だけ、すなわち再生可能な形で、というのがブータン流である。

こうした輪廻思想に基づく動植物との共生の思想は、GNHを構成する九領域（後述）の一つである「環境保全」の領域ともリンクしている。これは、仏教倫理の実践が、ブータンの政策に大きな影響を与えている一例と言えるであろう。逆に言えば、仏教的な倫理観や幸福観抜きに、ブータンの開発政策は理解できないということでもある。

マハームドラー（大印契）

ブータンは国家創立からドゥク派を国教としているが、そのドゥク派の教義とはいかなるものであろうか。ドゥク派はチベット仏教の四大宗派（ニンマ派、カギュ派、サキャ派、ゲルク派）の一派であるカギュ派の支派である。ドゥク派を含むカギュ派共通の最高奥義は「マハームドラー（大印契《だいいんけい》）」である。以下、ツァンパ・ギャレーの説明に従って、マハームドラーについて概観する。

ツァンパ・ギャレーは、マハームドラーの同義語として、「あり方」（yin lugs）や「在り方」（gnas lugs）を挙げている。いずれも、空性や、心性、勝義諦（究極的真理）などの同義語である。また、ツァンパ・ギャレーは、次のように述べている。

トルマ（尊格に捧げる供物）を捧げ、マンダラを捧げて、一切衆生の利益のために大印契を修習するための教えを頂きたいと思って発心し、その後に、ラマ（師）を自らの頭頂で瞑想し、自身の頭頂で瞑想して顕現しているラマの中に、尊格や他のラマも溶け込んで一つになると考えるべきである。

すなわち、マハームドラーの体得のためには「グルヨーガ（師の瞑想）」が鍵となる。さらに彼は次のように述べる。

それから、そのラマが自分自身の頭頂に溶け込み、自分自身とラマとが区別なく混ざっていると考える。また、悪業の罪障と病気と悪魔の罪障すべてが取り除かれて浄化されているのを瞑想する。それから心で何も考えない自然な状態で、心地よい状態に落ち着きなさい。「瞑想する」といっても特に瞑想すべき対象は実在しない。したがって、例えば、法身も瞑想せず、空性も瞑想せず、仏陀も瞑想しないのであり、自分自身で解脱することも瞑想しない。さらには、偏向が無いこと、自分自身での解脱、楽、明、無分別、本質的に区別のないこと、有無や是非などの、いずれについても瞑想しない。瞑想をしないのと同様に、憶念によっても何も捉えない（すなわち何も憶念しない）。というのも、捉えるという瞑想行為は全て、心によって為されたものであり、有為（原因と条件によって作られたもの）であるため、瞑想対象は実体としては存在せず、瞑想行為も実体として存在せず、瞑想する主体も実体として存在しない。

すなわち、瞑想なども含むすべての修行を、無自性《むじしょう》、すなわち非実体的なものだと理解し、心を自然な状態にしておくことこそが、マハームドラー体得の鍵なのである。結論としてツァンパ・ギャレーは、ものは本質的には存在しておらず、身心も実体的には存在しない。その状態に心をとどめ、そこから心を動かさないことが、マハームドラーの瞑想なのだと述べている。究極的な真理以外の対象に心が逸れてしまうことを抑え、心を自然な状態のまま維持することが肝要とされる。

ナーローパの六法

ドゥク派を含むカギュ派において、マハームドラーと並んで最重要視される実践は「ナーローパの六法」である。ナーローパ（一〇一二／一〇一六～一一〇〇）は、カギュ派の開祖マルパ翻訳官（Mar pa Chos kyi Blo gros, 一〇〇二／一〇一二～一〇九七／一一〇〇）のインドにおける師である。マルパの教えはミラレパ（一〇五二～一一三五）に伝えられ、そしてミラレパの弟子であるガンポパ（一〇七九～一一五三）は、カダム派（十一世紀にインドから入蔵し仏教を復興したアティシャを祖とする宗派）の教義を参考にしながら、カギュ派の教義を体系化した。

ナーローパの六法とは、(1)熱（gtum mo）、(2)幻身（sgyu lus）、(3)夢（rmi lam）、(4)光明（’od zer）、(5)中《ちゅう》有《う》（bar do）、(6)転移（’pho ba）という六種の修行法である。

(1)熱（gtum mo）とは、身体の脈管の基底部にある内的な熱を意識し、活性化させる修行法である。

(2)幻身（sgyu lus）とは、自己の身体を陽炎のような幻の身体であると観想し、その本質が空性であることを悟る修行法である。

(3)夢（rmi lam）とは、覚醒時と夢眠時の意識がともに空性を本質とするものであり、実体を持たないことを悟る修行法である。

(4)光明（’od zer）とは、心を集中させると、心に空性を本質とする光が輝く。この光を世界の開闢以前の原初として悟る修法である。

(5)中有（bar do）とは「中陰」とも言われ、死亡時から来世に生まれるまでの四十九日間の状態を指す。仏教では「生有」（何ものかとして誕生する一刹那のあり方）、「本有《ほんう》」（誕生後、死ぬまでの一生の期間のあり方）、「死有」（死を迎える一刹那のあり方）、「中有」（死んでから次の生を受けて生まれ変わるまでの中間的なあり方）という四有（四種の生存状態）を設定する。

中有に関連する六つの修行法のうち、前半の三つは生前の修行段階、後半の三つは中有にある死者の意識を捉える修行法である。

そのうち、生前の修行の三段階とは以下の通りである。

(a)一番目は、「この世に生きる姿の中有」（skye gnas bar do）である。これは、いわゆる「本有」に相当するものであるが、ナーローパによると、この世での生存状態もまた一つの生と死の間に介在する中間状態と見なされる。ここでは、聞・思・修の実践による空性の体得を実修する。

(b)二番目は「夢の中有」（rmi lam bar do）である。夢を見ている際に現れる様々な幻の本質を正しく悟る修練は、後述の「法性の中有」において出現する寂静尊（zhi）と忿怒尊（khro）の本質を悟るのに役立つ。

(c)三番目は、「禅定の中有」（bsam gtan bar do）である。現象界に煩わされずに、「生起次第」と「究竟次第」の瞑想の実修に努める。

続いて、中有では、死者の意識を捉えるための三段階が設定される。

(d)一番目は、「臨終の中有」('chi kha'i bar do）である。死のまさにその瞬間、死者の意識がむき出しとなり原初の光明と直接に接触をする法身の段階である。

(e)二番目は、「法性の中有」(chos nyid bar do)、すなわち、死者が死後三日半から計十四日間にわたって経験する中有である。前半の七日は寂静尊が、後半の七日は忿怒尊が現われる。死後三日半の失神の後、目覚めた死者の意識が自身の意識の投影である寂静尊と忿怒尊に邂逅する。この段階で正しく自己を悟る死者は、報身《ほうじん》（悟りを得てその楽しみを味わう仏）へと昇華する。

(f)三番目は、「再生に向かう中有」(srid pa bar do)、すなわち、業の力によって死者の意識が別の肉体を得て再生し、再び輪廻の輪に入る段階である。この段階で自己を悟った死者は、一生補処の菩薩（次の生涯に成仏する高位の菩薩）としてこの世に生まれ、衆生の救済に身を挺したのち、後生で化身（仮の姿を現した仏）として輪廻を脱する。

(6)ナーローパの六法の最後は「転移」('pho ba)、すなわち、意識を身体から頭頂部の孔を通して引き抜き、高次の仏の世界へと転移させる修法である。いわば脱魂作法の一種であり、自らに課する場合、自身の意識の空無化とともにこれを仏の世界へと移行させる作法となる。

なお、後述の『死者の書』は、(5)中有の(d)〜(f)を増広して、行法や儀式を組織化し、灌頂を付け加えたものといえる。

『死者の書』の位置づけ

従来、わが国では日本仏教を「葬式仏教」などと揶揄する風潮がある。仏教が役立つのは葬式くらいで、それ以外は無用だと言う。しかし、ブータンを含めてヒマラヤ地域では、わが国以上に葬式（および それに続く四十九日間の法事）が重要視される。むしろ、ヒマラヤの仏教こそが「葬式仏教」の名称に相応しいと言えるかもしれない。

仏教にとってなぜ葬式が重要なのかというと、輪廻を主張する仏教では、死後四十九日間に死者は中有をさまよい、次の生（来世）に生まれ変わると考えられているからである。中有こそが来世の生まれ先を決定する岐路なのである。もちろん、仏教は因果律を主張する以上、自業自得の考えに基づいて、生前の活動（業）の結果として、善人は善き幸せな来世に、悪人は悪しき不幸な来世に生まれるというのが原則である。しかし、恐らくは、死後から次の生に生まれ変わるまでの間に、何とか悪あがきができないかといった大衆の潜在的願望から、中有をうまく活用する思考が生まれたものと考えられる。それを具現化したのが著名な『死者の書』（バルド・トゥードゥル）である。

『死者の書』は、ヒマラヤ地域の葬送儀礼において重要な手引き書であるが、西洋の神秘主義者たちをも魅了した。同書を西洋に紹介したのは、アメリカ人のエヴァンス・ヴェンツ（一八七八～一九六五）である。エヴァンス・ヴェンツは、少年時代から、オカルティズムの源流である神智学の関連書物を渉猟する中で、仏教にも興味を抱いていた。インドのチベット文化圏を訪問中、カギュ派の僧侶から『死者の書』を入手し、一九二七年に英訳を出版した。その七年後、同書のドイツ語訳が刊行された際、臨床心理学の先駆者であるカール・グスタフ・ユング（一八七五〜一九六一）が、「心理学的解説」と題する長文を寄稿し、「座右の書」とまで公言したのである。

『死者の書』の正式題目は『深遠なる教え：寂静尊と憤怒尊を瞑想することによる自ずからの解脱』（*Zab chos zhi khro sgom pa rang grol*）であり、その略題は『中有における聴聞による解脱』（*Bar do thos grol*）である。著者はチベット密教の祖とされるパドマサンバヴァで、明妃イェシェー・ツォギェルによりセルデン河畔のガムポダルの山中に埋められたと伝えられる。それをパドマサンバヴァの第五番目の化身であるリクジン・カルマリンパ（十四世紀半ば）が発掘したとされ、以後、ニンマ派やカギュ派の葬送儀礼に欠かせない手引書となった。カギュ派の支派であるドゥク派と、ニンマ派とが優勢なブータンにおいては、国民の大半に愛される重要な聖典であり続けている。

同書によると、中有は、⑴臨終の中有（'chi kha'i bar do）、⑵法性の中有（chos nyid bar do）、⑶再生に向かう中有（srid pa bar do）、という三段階に分けられる。これは上述のナーローパの六法の中有（bar do）の説明の⒟〜⒡に相当する。

⑴第一は、臨終の中有（'chi kha'i bar do）である。これは、死の瞬間からその直後にかけての期間である。呼吸が途絶えんとすると、虚空の如き法性が、根源の光明（gzhi ba'i 'od zer）として顕現する。その本質を悟った者は法身を獲得する。その期間は、罪の重さや脈管の状態によって変動するが、通常は三日半とされる。死者が自力で悟れない場合は、遺体の耳元で第三者がささやき、言葉で真相を伝える。第一の光明の本質を悟れなかった者には、第二の光明が顕現する。これら二度の光明の体験で解脱が達

成できなかった者は、次の中有に進む。

⑵第二は、法性の中有（chos nyid bar do）である。この中有においては、生前の業によって、死者を錯乱させる幻影が現れてくる。期間としては、死後三日半から計十四日間にわたる。前半の七日間は寂静尊が、後半の七日間は忿怒尊が出現する。死後三日半にわたる失神の後、目覚めた死者の意識が、自身の意識の投影である寂静尊と忿怒尊に出食わす段階である。寂静尊であれ、忿怒尊であれ、恐れることなく正しく悟ることができた者は、報身を得る。この十四日間で悟りが得られなかった者は、また次の中有に進むことになる。

⑶第三は、再生に向かう中有（srid pa bar do）である。業の力によって死者の意識が別の肉体を得て再生し、輪廻の輪に再び入っていく。期間は生前の業に応じて異なるが、二十一日間とするのが一般的なようだ。この時期には、ひどく不快な光景が様々に眼前に展開するが、そのいずれに対しても怒らず、また執着しないように心掛け、今現在が「再生に向かう中有」であることを念じておくことが必要である。様々な苦しみが起こると同時に、六道に対応する六種類の薄明かりが現れ、その薄明かりに逃げ込んでしまいそうになるが、その実体が観音菩薩であると念じ続けることで、六道への再生が回避される。結果、化身の菩薩としてこの世に生まれ、その後の生で輪廻を脱する。

以上の中有のプロセスに沿った形で、カギュ派やニンマ派では、死後の四十九日間に渡って、『死者の書』に沿った儀礼を進め、死者を成仏させようとする。日本でも、平安時代から鎌倉時代にかけて浄土教が興隆し、悪人さえも浄土往生の道が開かれることになった。日本浄土教の場合、チベットの『死者の書』のような具体的な魂（識）の誘導は行われないが、自業自得という仏教の大原則を超えた一種の抜け道を設定した点は共通である。

土着神の扱い

ブータンと日本の仏教の大きな相違の一つとして、法要の扱いが挙げられる。ブータンでも、他国の仏教と同様、輪廻思想に従って死者は四十九日を経ると来世に生まれ変わると考えられているため、四十九日以降の追善の法事は行われない。

その代わりに年に一度、各家庭で法要が行われる（複数の目的で年に数回の法要を行う場合もある）。特に重要なのは、家族や地域の無病息災を祈願するために行う、地域ごとの護法尊のための法要である。ブータンの伝統では、古来、土着の土地神や悪霊がおり、仏教の伝来時に様々な妨害を行ったと伝えられている。その際に、仏教の聖者や行者たちが悪霊を調伏、改宗させ、護法神に変化させていったとされる。しかし、年に一度の儀礼を欠かしてしまうと、護法神はまた元の悪霊に戻って、仏教徒に危害を加えるようになる。そこで毎年、各僧院や家庭で、土地神を祀り、地域の安全と息災を願って法要を行う。

ここで、中央ブータンの守護尊「ケープ・ルンツェン」の法要儀軌について紹介しておきたい。詳細については、西田・今枝・熊谷（二〇一八）を参照頂きたい。

同儀軌は、中央ブータンのブムタン地方の四つの谷の守り神であるケープ・ルンツェンに捧げられたものである。同書は以下の次第からなる。

Ⅰ　観想（mngon rtogs）
Ⅱ　召喚（spyan 'dren）
Ⅲ　宣誓（dam bzhag）
Ⅳ　供物（mchod pa）
Ⅴ　トルマの奉納（gtor bsngo）
Ⅵ　賛嘆（bstod pa）
Ⅶ　所望の成就（bskang ba）
Ⅷ　誓願（gnyer gsol）
Ⅸ　献香と献酒（bsangs dang gser skyems）

まず、法要を行うに際し、守護尊ケープ・ルンツェンを呼び出さなければならないが、彼の住居は別世界にあり、生身の人間が行くことはできない。そこで、儀軌の執行者が瞑想に入り、瞑想の中でケープ・ルンツェンのもとを訪れて、こちらの世界に呼び出すことが必要となる。

ケープ・ルンツェンは、大変恐ろしい「ツェン」（btsan）と呼ばれる霊界に住んでいる。凶暴な動物たちに囲まれ、吹雪の渦巻くサンダクマルポと呼ばれる大きな山の頂上に、様々な宝珠でできた壮麗な宮殿が存在する。その宮殿に住むケープ・ルンツェンは、全身が赤色に輝き、甲冑をまとい、槍と弓矢を持ち、周囲には十万の軍勢が取り巻いている。行者は、ケープ・ルンツェンとその世界をありありと明瞭にイメージする。

続いて、召喚に移る。ケープ・ルンツェンとその軍勢を、仏法と衆生の利益と幸福のために、この祭祀の地にお出まし頂くようお願いをしたうえで、「シューララーザーティクナン　サマヤ　ナラ　カン」という真言を唱え、彼らを呼び出す。

ケープ・ルンツェンを召喚した後は、宣誓し、真言を唱える。そして、瞑想を通じて、鮮やかな花、香、灯明、香水、好ましい食べ物や音楽など、大量の供物を捧げる。その後、やはり瞑想を通して、仏法の障害となる仇敵の、肉、血、骨、命、息、魂、寿命、福徳、威力、運気などをトルマ（尊格に捧げる供物）として捧げ、満足させる。そのうえで、当該地域における病、飢饉、闘争、自然災害などの一切の災いを収めてもらうようお願いする。加えて、人々が解脱と悟りを成就するのに障害となる分別などの邪魔物を全て滅却するよう依頼をする。

続いて、ケープ・ルンツェンの讃嘆を行う。いかなる場所にも現れ、寂静と憤怒の様相を使い分けて衆生を調伏し、重要な埋蔵経典を管理して仏教を守り育て、屈強な軍勢とともに仏敵を滅ぼす、屈強かつ慈愛に満ちていると褒め称える。その上で、改めて全ての災いが静まり、幸せが増大し広まるようお願いする。

その後に、ケープ・ルンツェンとその軍勢が欲するものを全て用意することを再度約束する。花、香、灯明と香水、食事や音楽、さらには宮殿や宝物、そして馬や牛、鳥や犬などの動物を全て調達することを告げる。その後も讃嘆と供物の献上を続けながら、繰り返し仏法の守護と、地域の無病息災を依頼する。

以上が中央ブータンのブムタン地域の守護尊ケープ・ルンツェンに対する儀軌の概要であるが、土地が変わっても守護尊の名前と容姿が異なるだけで、儀軌の進め方は基本的に共通である。これらの守護尊は味方としては大変心強いが、一度悪霊に戻ってしまうと手が付けられない。だからこそ、寺院や家庭では、土地神に対する感謝と畏敬の念をもって、毎年一度は必ず法要を実施するのである。繰り返しになるが、これらの法要は生きている人間（および他の生き物）のためのものであって、死者への追善供養ではない。毎年のように各家庭に僧侶を呼んで法要を行うのは日本もブータンも同様であるが、その目的は大きく異なっている。

第三節　ブータン社会における仏教の応用実践

前述の通り、「仏教は何のために必要なのか」とブータン人に問えば、「涅槃のためだ」という回答がほぼ返ってくる。そして涅槃を得るには出家して比丘としての修行が必要だということも彼らはよく理解している。

そうでありながら、世俗的な幸福を見下すことはない。涅槃という究極的幸福に比べると、日常の世俗的幸福は、刹那的で表層的だが、仏教の実践に沿ったものであるならば、世俗的幸福をも積極的に追求しようという姿勢が見られる。その姿勢は、ブータンの憲法の条文にも確認でき、同国の目玉である

GNH政策にも遺憾なく発揮されている。

しかし、一部に誤解があるようだが、ブータンには良い面ばかりがあるわけではない。戦争や民族問題などで国際的な非難に晒されてもいるのである。本節では、ブータンの正の側面のみならず、負の側面についても、同国が仏教的理念とどう折り合いをつけてきたのか考察する。

ブータン王国憲法における仏教実践の位置づけ

ブータン王国憲法第三条は、伝統宗教についての項目である。第三条第一節では、「仏教はブータン王国の精神的遺産であり、平和、非暴力、慈愛と寛容性の原則と価値を促進するものである」と述べ、仏教がブータンの伝統宗教であることを明言している。続く第二節では、「ブータン国王はブータンにおける全ての宗教の守護者である」(The Druk Gyalpo is the protector of all religions in Bhutan)とされ、信教の自由を保障している。さらに、第三節では「ブータン王国の精神的遺産を促進するのは宗教組織と出家者の責任である一方、ブータンにおいて宗教は政治から切り離されなければならない。宗教組織と出家者は政治から脱しなければならない」(It shall be the responsibility of religious institutions and personalities to promote the spiritual heritage of the country while also ensuring that religion remains separate from politics in Bhutan. Religious institutions and personalities shall remain above politics)と述べ、政教分離を明確に説いている。このように、仏教を強制することを否定し、信教の自由を保障しながらも、第一節にあるように仏教を伝統宗教として特に尊重することが憲法に明記されている。

憲法第八条は、ブータン国民の基本責務に関する条項である。第三節では「ブータン国民は、全てのブータン人の間において、宗教、言語、地域、党派の相違を超えて、寛容性、相互尊重、兄弟愛を育まなければならない」（A Bhutanese citizen shall foster tolerance, mutual respect and spirit of brotherhood amongst all the people of Bhutan transcending religious, linguistic, regional or sectional diversities）と述べられている。すなわち、ブータンでは、多様性を認め、寛容性を持ち、互いを尊敬し合うことが要求される。異宗教への尊重は、二十世紀初頭にチベット・ヒマラヤ地域で起こった宗派折衷運動（Ris med）の影響を髣髴とさせる。また、異なる文化を持つ他者への尊重の背景として、一切衆生の平等性を認める仏教的死生観が存在していると考えられる。

次いで憲法第九条は、国の政策の基本原理である。第二十節では「ブータン王国は、仏教倫理と普遍的な人間価値に根差す善き慈愛に満ちた社会の真の持続可能な発展を可能たらしめる状況を作るよう努力せねばならない」（The State shall strive to create conditions that will enable the true and sustainable development of a good and compassionate society rooted in Buddhist ethos and universal human value）と説かれ、同国の経済開発が仏教の倫理に基づいて進められていくことが明言されている。注意しなければならないのは、ここで強調される「仏教」とは、宗教的・信仰的側面ではなく、あくまで倫理的側面、すなわち「利他行の実践」である。この側面は、いわゆる儒教的道徳やキリスト教の隣人愛などとも齟齬しないものと思われる。

以上のように、ブータン王国の憲法には仏教の影響が色濃く見られるが、それは宗教的というよりもむしろ、倫理的・実践的側面に限定されているのである。

ＧＮＨ政策

ＧＮＨという概念は、一九七〇年代にジクメ・センゲ・ワンチュク第四代ブータン国王（一九五五〜）が提唱して以降、世界的に知られるようになった。ＧＮＨの成立年については諸説あるが、一九七〇年代であることは間違いない。但し、年数については複数の異説が存在する。例えば、ティンレー（Thinley 2007）やワンチュク（Wangchuk 2008）は、ＧＮＨは一九七二年に提唱されたと主張する。ウラ（Ura and Galay 2004）は、ＧＮＨは一九七〇年代後半に導入されたとしている。今枝（二〇〇八）は、一九七六年、第四代ブータン国王が、スリランカの首都コロンボにて開催された第五回非同盟諸国首脳会議への出席後に行った記者会見において、「ＧＮＨはＧＮＰよりも重要である」と述べたことに始まるとしており、和文のブータン関係書籍は、大半がこの一九七六年説を支持してきた。但し、今枝（二〇一三）は一九七九年、第四代ブータン国王が第六回非同盟諸国首脳会議出席後に行った記者会見においてのことだと年代を訂正している。

当時、世界各国がＧＮＰ（国民総生産、Gross National Product）を最優先していた中、第四代国王は、幸せはモノやお金以上に大事な要素だとしてＧＮＨを国策の主軸に据えた。二〇〇八年に制定されたブータン王国憲法第九条第二節では、「ブータン王国は、国民総幸福の追求を可能にする諸条件を促進する努力を行う」（The State shall strive to promote those conditions that will enable the pursuit of Gross National Happiness）と、ＧＮＨの促進が明文化されている。

したがって、ブータン政府の政策はすべて、ＧＮＨの理念に裏付けられていなければならないことになる。ブータンには、首相を議長、財務大臣を副議長とし、各省庁の事務次官などを加えた計十五名のメンバーから構成されているGNH委員会という組織が存在する。ある政策案が仮に経済成長に効果的なものであったとしても、例えば環境を破壊したり、コミュニティを侵害したりする可能性があれば、それはGNH的ではない。そこでGNH委員会から再考・変更が促される。本林・高橋（二〇一三）によると、新しい政策が上がってくると、GNHに関するスクリーニングが行われる。二十数項目について四段階の評価を行い、評価の平均点が四段階中の三に満たない場合には、政策の変更が命ぜられる。例えば、二〇〇八年頃にWTO（世界貿易機関、World Trade Organization）への加盟が議論された際、当初は概ね肯定的に捉えられていたのが、スクリーニングが行われた結果、GNHの理念にそぐわないという判断が下され、加盟が見送られた。

このGNHには、後述の通り、四つの柱と九つの領域、三十三の尺度がある。しばしば誤解があるので注意しておかなければならないのは、GNH政策を進めるからといって、GNP（国民総生産）やGDP（国内総生産、Gross Domestic Product）といった経済的側面を頭ごなしに否定するのではないということである。彼らにとって経済は、先進国で考えられているほどの絶対的要素ではなく、あくまでGNHを支える四本柱の一つにすぎない。すなわち、GNPやGDPは、GNHの一部を占めているに過ぎないのである。つまり、幸福を得るために、経済成長は重要であるが、物質的に豊かになれさえすれば良いということではなく、物質と精神のバランスの取れた豊かさから、幸福を実現することが肝要である。ここには、「物質のみ」、あるいは「精神のみ」といった両極端の考えを避ける仏教的な「中道」の思想が働いているものと思われる。

さて、ＧＮＨについて考える際、あらためて見直しておくべき二つの概念がある。国民総幸福といった場合、一つは、ブータン人にとって「国民」とは何を意味するのか。もう一つは、彼らにとって「幸福」とは何なのかということである。

まず、一つ目であるが、ブータンで「国民」という場合は、人間はもとより、他の動物も含まれている。これは、前節で述べたとおり、輪廻思想に基づいて、人間と動物は生命体として平等であると考えられるためである。また、彼らは、「国民」といいつつ、実際には「地球的」(Global) な視野での幸福を考えているため、ＧＮＨ（国民総幸福）というよりも、ＧＧＨ（地球総幸福、Gross Global Happiness）と呼ぶ方が正確であろう。いやむしろ、人間以外の全存在の幸福をも目指しているという点では、ＧＵＨ（普遍的総幸福、Gross Universal Happiness）とするのが最も正確かもしれない（※ＧＧＨについては今枝（二〇一三）を、ＧＵＨについては熊谷（二〇一四ｂ）をそれぞれ参照）。こうした壮大な思考の背後には、自身や自国だけの利益という「自利」のみならず、他人や他国を利するという「利他」の思想がある。というのも、利他の思想こそ、ブータン仏教を含む大乗仏教の要諦だからである。

では、ブータンの人々のいう「幸福」とは何なのか。上述の通り、仏教徒にとっての究極的幸福とは「涅槃」である。だからといって、彼らは現世での生活を軽んずることはなく、ＧＮＨに代表されるような世俗的幸福についてもしっかりと目を向けている。すなわち、彼らにとっての幸福とは、「究極的幸福」と「世俗的幸福」の両者が互いに妨げ合わず共存したものなのである。なお、タシ（Tashi 2004）

は、幸福を「究極的幸福」（Ultimate Happiness）と「相対的幸福」（Relative Happiness）に分類する。このうち「究極的幸福」とは、空と慈悲が不可分で永遠に共存する完全な悟りの智と定義している。一方、「相対的幸福」とは、他者を害することなく助け、満足している態度とする。さらに、「相対的幸福」を「肉体的幸福」（Physical happiness）と「精神的幸福」（Mental happiness）との二つに細分している。

ＧＮＨの構成

ＧＮＨは四つの柱（Four Pillars）から成る。すなわち、「持続可能な開発の促進」（Promotion of sustainable development）、「文化的価値の保存と促進」（Preservation and promotion of cultural values）、「自然環境の保全」（Conservation of the natural environment）、「善い統治の確立」（Establishment of good governance）である。経済的側面は、「持続的な開発の促進」という柱に含まれ、ＧＮＨを支える大きな軸の一つであるが、逆に言えば、軸の一つに過ぎない。

また、ＧＮＨの九つの領域（domain）とは、「教育」（Education）、「生活水準」（Living Standard）、「健康」（Health）、「心理的幸福」（Psychological Well-being）、「コミュニティの活力」（Community Vitality）、「文化の多様性・弾力性」（Cultural Diversity & Resilience）、「時間の使い方」（Time-Use）、「良い統治」（Good Governance）、「環境の多様性・弾力性」（Ecological Diversity & Resilience）である。ここでも経済的側面は、あくまで「生活水準」という一領域にすぎない。また、ここでの生活水準とはあくまで国民一人ひとりが営む生活の水準が問題となっているのであって、一握りの人間が富を独占する事態などあってはならないことが大前提である。

そして、GNHを数値として量る「GNH指標」（GNH Index）については、全体を一として九つの領域で割ると、各領域は〇・一一となる。九つの領域はさらに以下の計三十三の「尺度」（Indicator）に分けられるが、各尺度の比重は重要度によって高低の差がつけられる。

1．「教育」（Education, 1/9：0.11111）：「読書きの能力」（literacy, 1/30：0.033333）、「学校教育」（schooling, 1/30：0.033333）、「知識」（Knowledge, 1/45：0.022222）、「価値」（Value, 1/45：0.022222）

2．「生活水準」（Living Standard, 1/9：0.11111）：「世帯ごとの収入」（household per capita income, 1/27：0.037037）、「資産」（assets, 1/27：0.037037）、「住宅」（housing, 1/27：0.037037）

3．「健康」（Health, 1/9：0.11111）：「自己申告による健康状態」（self-reported health status, 1/90）、「健康な日々」（healthy days, 1/30）、「身体障害」（disability, 1/30）、「精神的健康」（mental health, 1/30）

4．「心理的幸福」（Psychological well-being, 1/9：0.11111）：「人生満足度」（life satisfaction, 1/27：0.037037）、「肯定的感情」（positive emotion, 1/54：0.018519）、「否定的感情」（negative emotion, 1/54：0.018519）、「精神性」（spirituality, 1/27：0.037037）

5．「コミュニティの活力」（Community Vitality, 1/9: 0.11111）：「寄附」（donation, 1/30: 0.033333）、「安全」（safety, 1/30：0.033333）、「共同体の結びつき」（community relationship, 1/45：0.022222）、「家族」（family, 1/45：0.022222）

6. 「文化の多様性・弾力性」（Cultural Diversity & Resilience, 1/9：0.11111）：「職人の技能」（srtisan skills, 1/30：0.033333）、「文化的参与」（cultural participation, 1/30：0.033333）、「地域言語での会話」（speak native language, 1/45：0.022222）、「ディグラム・ナムジャ（伝統的行動規範）」（driglam namzha, 1/45：0.022222）

7. 「時間の使い方」（Time-Use, 1/9：0.11111）：「仕事時間」（working hours, 1/18：0.055556）、「睡眠時間」（sleeping time, 1/18：0.055556）

8. 「良い統治」（Good Governance, 1/9：0.11111）：「政治参加」（political participation, 2/45）、「公共事業」（services, 2/45）、「政府の実行能力」（governance performance, 1/90：0.011111）、「基本的人権」（fundamental rights, 1/90：0.011111）

9. 「環境の多様性・弾力性」（Ecological Diversity & Resilience, 1/9：0.11111）：「野生生物への危害」（wildlife damage, 2/45：0.044444）、「都市問題」（urban issues, 2/45：0.044444）、「環境への責任」（responsibility towards environment, 1/90：0.011111）、「生態学的問題」（ecological issues, 1/90：0.011111）

ここに見られるように、GNHの特徴の一つは、「時間の使い方」など日常生活における様々な要素を、経済と同等と見做していることである。GNH指標の比重は九つの領域に等分され、いわゆる経済は、「生活水準」の領域に相当するが、この領域のポイントが上がっても、指標全体から見れば僅か十一パーセントにしかならない。一方で、経済を成長、発展させるために睡眠時間や余暇の時間、家族や地域との関係、健康などが損なわれることになれば、他の領域の点数が同時に下がってしまうため、GNH指標全体の点数が大幅に減少してしまい、バランスがひどく崩れてしまう。その場合は、経済の比重を下げてでも他領域とのバランスを取る、例えば、文化的、環境的事業を促進する、或いは、仕事時間を減らして睡眠時間や、家族・友人と関わる時間をしっかりと確保するといった方向に思い切った修正が実行される。このようにGNHとは、単なる抽象的な理念にとどまらず、それぞれの項目を数値化し、GNH指標というかたちで具体的に数値化することで、国の状態を細部にわたって検討しながら国民一人ひとりの幸福度を高めていくという具体性と実際性を備えた極めて現実的な政策なのである。

なお、GNHの計算方法については、アルカイヤ・サントス・ウラ（Alkire *et al.* 2008）を参照。なお、大橋（二〇一〇）は、アルカイヤ・サントス・ウラの共著論文で公表されている計算法について、実例を交えながら分かりやすく解説している。

ゲリラとの戦争

仏教における最大の罪は殺生である。その殺生の最たるものが戦争である。「幸福の国」ならば戦争などしないはずだとも思われがちだが、意外なことに、ブータンは複数の戦争や内戦を経験してきた。では、仏教国としてブータンは戦争という惨たらしい殺戮行為とどう向き合ってきたのであろうか。

ブータン人作家のツェリン・タシは、ティム・フィッシャーとの共著（Fischer and Tashi 2009）の中で、自らも従軍した二〇〇三年のアッサムゲリラ組織との戦争について回顧している。また、その内容については、今枝（二〇一七）が要領よく整理している。以下、ツェリン・タシの回顧録をもとに、ブータンの戦争観を論じたい。

一九九〇年代、ブータン南隣のインド共和国アッサム州において、ゲリラたちが独立運動を展開した。アッサム州の先住者ボド族の急進派であるボド防衛軍（ＢＳＦ：Bodo Security Force）や、アッサム州の独立を目指すアホーム系のアッサム統一解放戦線（ＵＬＦＡ：United Liberation Front of Assam）などが、インドからの分離・独立を要求し、インドの官公署やベンガル人移住者たちを襲撃したのである。

これに対してインド政府は猛反撃に出、インド軍に敗走したゲリラ部隊は、国境を越えてブータン南部の密林地帯に拠点を移した。当該地帯はブータン領内ではあるもののブータン人は住んでおらず、ゲリラ組織にとっては格好の隠れ家であった。ブータン政府は一九九七年から二〇〇三年にかけてゲリラ部隊に退去要請を行い、四代国王も自らゲリラキャンプに出向いて退去を要請したが、ゲリラ側は断固拒否した。

膠着状態の中、インド政府は、ゲリラをかくまっているとしてブータンを批判し、二〇〇三年末までにアッサムゲリラをブータン南部から一掃しない場合、三万人のインド正規軍をブータンに派兵し掃討作戦を開始する、との最後通牒をブータン政府に突き付けた。

二〇〇三年秋、ブータン国会は、軍事行動によりゲリラ部隊を国外へ退去させることを決議した。政府首脳、閣僚、軍総司令官はじめ中央政府を首都ティンプに残したまま、四代国王自身が、ブータン軍兵士および国民義勇兵の陣頭指揮を執り、軍事作戦を行った。作戦は二日で終了、ゲリラ勢力はブータン領内から一掃された。

軍事行動に歩を進めるに当たり、ブータン側は細心の注意を払った。開戦に至るまで、国王が自ら直々にゲリラキャンプを訪問したり、内務大臣がゲリラ組織の幹部を首都ティンプに呼んで、国外退去を懇ろに説得したりと、ブータン政府としてできる限りの交渉を粘り強く続けた。そしていよいよ開戦前夜には、最高司令官である国王が、開戦の辞を述べた後、高僧におおよそ次のような法話をさせた。

あなた方は兵士だが、慈悲心を持たねばならず、敵であっても、他の人間と同じように扱わねばならない。そして何よりも、仏教徒として、殺生が許されると思ってはならない。

ここには同国王の深い葛藤が認められる。すなわち、国家元首として軍事作戦を行って領土を守る必要がある一方、その軍事作戦が仏教では「殺生」という最悪の大罪になってしまうという葛藤である。結果、国王はブータン王国の国家元首として軍事作戦を進める一方、仏教国としてのブータンを代表する僧侶は殺生を戒めるという矛盾する事態に陥った。つまり、国王は仏教徒としての悪行に手を染めるという認識のもと、国家元首としての役割を果たしたのである。ここには、戦闘行為そのものは仏教徒として何ら正当性を持ち得ないが、せめて敵にも敬意を払い、互いの犠牲者を最小限に抑えようとする慎重な姿勢が窺われる。

その後、ゲリラとの戦闘に突入したが、わずか二日でブータンの勝利に終わった。ゲリラ側の証言に

図21　ドチュラ峠に建てられた戦没者慰霊のための仏塔群

よると、捕虜に対する扱いは丁重そのもので、虐待などは一切なかったとのことである。

また、ブータンの戦後処理は実に慎重なものであった。ブータン軍最高司令官の第四代国王は、「戦闘が終わったからといって喜ぶ理由は何もない」、「戦争行為において誉れと言えるものは何一つない」、「いつの時代にあっても、国家にとって最善なのは、係争を平和裏に解決すること」などと終戦訓話を述べ、戦闘そのものに関しては一貫して否定的な態度を取り続けた。

国営新聞のクンセル紙も戦勝報道は行わず、「今になっても支配的な感情は、後悔と憐憫であるというのは、ブータンの、ブータン人の性格であろう。私たちは、アッサムおよび西ベンガルの人たちに、変わることのない友情を誓った。不思議なことに、この作戦の全期間を通じて、いかなる敵愾心もなかった。あったのは、『残念ながら、必要に迫られて、軍事作戦を避けることができなかった』という後悔だけであった」との反省の弁を社説として発表した。

戦勝記念行事は行われず、代わりに慰霊塔が建てられた。ドルジ・ワンモ・ワンチュク四代国王妃は次のように述べている。

勝どきもなく、戦勝式典もありませんでした。それは、ブータン人の気質ではありません。わたしたちは、バタ一ランプを灯し、戦争で命を落とした十一名のブータン人兵士と、同じく戦死したゲリラたちの冥福を祈りました。

ブータンは、主権国家として自国の領土を守るための行動を起こす必要があったわけであるが、敵（ゲリラ側）に敬意を示すとともに、仏教国として殺生という大罪を犯す戦闘行為に対して一貫して否定的であった。現在までゲリラ組織側からブータンへの報復は行われていないが、それはこうしたブータン側の配慮に呼応しているのかもしれない。

ネパール難民問題

異なる民族が争う時、その犠牲者は死者だけではない。紛争を避けるため、或いは強制的な排斥により、住処を追いやられる人々がいる。ブータンはこうした難民問題と無関係ではない。同問題については、根本（二〇一二）、今枝（二〇一三）に詳しい。

十九世紀後半、インドを支配していたイギリスは、ブータン南方に接するダージリンやアッサムに茶園を経営し始め、人口の多かったネパール東部から大量の労働者を呼び込んだ。ネパール人労働者の中には、ブータン南部のジャングル地帯に入植する者もいたが、一五〇〇メートル以下の低地に住まないブータン人は、こうした初期のネパール人移民に対しては無関心であった。かくして、二十世紀前半には相当数のネパール人がブータン南部の密林地帯を開墾し、農業に従事するようになった。

一九五〇年代、移民問題はもはや野放しにできない状態に達していた。一九五八年、腰を上げたブータン政府は彼らに居住権を認め、有資格者で国籍を申請する者には国籍を与え、その他の移住者は外国人滞在者として登録する制度を整備した。

一九八八年の全国人口調査の結果、南部ではネパール系の人口が過半数を占め、ブータン全体でも総人口の約三分の一を占めることが判明し、にわかに危機感が高まった。というのも、西隣にあったシッキムは、ネパール系移民の人口がシッキム系の人口を超えた結果、インドに併合されてしまったのである。そこで、ブータンは外国人に対して入国制限を設けることになった。当時のブータンには、以下の三種類のネパール人がいた。

① ブータン国籍を持つネパール系住民
② 滞在許可を持つネパール人合法滞在者
③ 滞在許可を持っていないネパール人不法滞在者

このうち、ネパール人不法滞在者には国外退去命令が出された。もちろん、不法滞在者を国外退去させるという行為自体は、主権国家として何ら問題なかったわけであるが、人口調査、国籍の認定、国外退去命令の施行のプロセスにおいて、配慮に欠ける点が多々あったことから、ブータン政府と一部のネパール系住民との間に軋轢が生じた。

一九九〇年秋、ブータン南部で大規模な反政府デモが起こった。以後、ネパール系住民の多い南部では、ネパール系の反政府グループによるテロ行為から治安が悪化し、多数の難民を生み出した。難民収容のため、東ネパールに難民キャンプが設けられ、一九九四年初頭には難民数が八万五〇〇〇人に達し、ピーク時には十一万人を数えた。なお、一九九三年九月には、ネパールとブータンの閣僚級合同委員会が設けられ、東ネパールに設置されたブータン難民キャンプに収容されている難民の分類を行なった。根本（二〇一二）によると、クドゥナバリ難民キャンプの三一五八家族の調査結果、全家族数の二・三パーセントの難民が、ブータンから強制的に追放されたネパール系ブータン人と認定され、ブータンへの即時帰還の権利が認められた。二〇一九年現在、すでに難民の大半がアメリカやカナダ、オーストラリアなどの第三国に移住しており、難民キャンプも閉鎖あるいは縮小した。難民キャンプの縮小により、表面上は解決しつつあるように見えるが、それらは必ずしも難民たちの望む形ではなかったため、本質的な解決とは言えないのが実情である。実際、この難民問題に関してブータンは、国際機関やメディアを通じて多くの批判を受けてきた。国民総幸福を掲げる仏教国として、今後ブータンがこの問題に対してどのような態度を取っていくのかが注目される。

近代化・国際化における伝統との軋轢と融合

戦争や難民といった国際的問題が存在する一方で、ブータンは国内的にも厄介な問題を多数抱えている。その一つが、伝統と近代化・国際化との衝突である。ブータンは長らく鎖国政策を取っていたが、一九七〇年代の開国以来、急速な国際化を体験している。特に、一九九九年にはインターネットと海外のテレビ放送が解禁され、世界中の情報が堰を切って流入するようになった。英語教育の進んでいるブータンでは、若者の殆どが英語に精通しているため、欧米文化の影響を簡単に受けやすい。そして、欧米の文化に憧れを抱くことは当然、自国の文化を見下すことに繋がる。

また都市化が進み、都市部に人口が集中するにつれて、高層建築が乱立し、おびただしい数の商店や飲食店が軒を連ね、近代的な都市の景観が見られるようになってきた。

こうした状況を予測していたのであろうか。一九八〇年代末に、第四代国王は「ディクラムナムザ」と呼ばれる伝統作法を導入し、役所や僧院などに入場する際に伝統衣装の着用を課し、建物にはブータンの伝統的装飾を施すことを義務づけるなど、伝統保存のための法整備を行った。この政策は、高圧的な民族同化に繋がりかねない面が批判を受けたが、近代化・国際化の奔流の中で、一応の伝統保護に貢献する結果となった。

若者の抱える問題

ブータンは福祉の意識が高く、医療と教育は無料である。その点は海外からも高く評価されているが、弊害をもたらしてもいる。教育が無料となり、多くの大学が設置されたことで、若年層が高学歴化した。結果として、農業や伝統産業に従事することを拒む若者が増加し、大半が首都ティンプなどの大都市に流入するものの、そこでの仕事の数は限られており、失業問題が深刻化した。もちろん、都市化が進む中、土建業などの仕事は増加しているが、大学卒の若者たちは、ブルーカラーの職種を嫌うので、それらに従事するのは、専らインドやネパールからの外国人労働者である。

二〇〇八年～二〇一二年のジクメ・ティンレー政権も、失業問題に対する無策が批判を受け、政権交代の要因となった。二〇一三年～二〇一八年のツェリン・トプゲ政権も、同じ問題に悩まされており、国力衰退に繋がりかねない慢性的な課題となっている。

こうした中、ブータンを拠点とするロデン財団は、ブータン人の若者の起業支援を行っている。結果、ごみ収集業や清掃業、建設業など、これまでブータン人が拒んできた職種に取り組む若者たちが現れ始め、職種に対する若者世代の見方が変革しつつある。今後、外国人労働者に任せっきりのブルーカラーの仕事に、ブータン人が積極的に従事するようになれば、失業問題は改善するであろう。

また、近年、インドから安価な化学薬物が流入し、都市部の若者を中心に薬物汚染が広がりつつある。この問題の放置は当然、治安の悪化や国力の低下に繋がる。薬物に依存する若者の多くは、無職など、将来に悲観的な者が大半である。よって、薬物汚染など他の問題に歯止めをかける意味でも、失業問題の解決は喫緊の課題と言える。

第四節　ブータンの幸福観の応用可能性

本章では、ブータンの幸福観を、宗教的側面、世俗的側面の双方から概観してきた。すなわち、仏教の実践を、宗教的実践と世俗社会における応用的実践の両面からとらえ直したともいえよう。わが国の現状に比べると、ブータンにおける仏教の実践およびその社会的応用は、より効果的に機能しているように思われる。では果たして、わが国はブータンの仏教の実践の現状から何を学び、そして、何を応用することができるのであろうか。以下、宗教的および世俗的側面に沿って、ブータンの実践仏教のわが国への応用可能性について検討したい。

ブータン仏教の位置づけ（日本仏教との共通点と相違点）

まず、ブータンと日本の仏教が、仏教史の中でそれぞれどういう位置づけにあるかを確認したい。紀元前六～五世紀頃に活躍した釈迦牟尼の滅後、根本分裂を経て部派仏教が興隆し、紀元前後に大乗仏教が誕生、紀元後一世紀までには中国、四世紀には朝鮮、六世紀には日本に仏教が伝来した。したがって、日本仏教は中国仏教文化圏の中で成立、発展したと言って良い。

七世紀になるとインドでは密教が興隆するが、ちょうど同じ頃、中央チベットを制圧したソンツェン・ガンポ王（Srong tsen sgam po, 五八一／六一八～六四九）が仏教に帰依し、インドからチベット（吐蕃）に仏教が伝来し、以後、吐蕃王朝では仏教が大いに歓迎された。ティソンデツェン王（Khri srong lde btsan,

七四二～七九七）の時代には、ナーガールジュナ（龍樹、一五〇～二五〇頃）を祖とするインド仏教中観派が正統の宗派と見做されるに至り、仏教が国教化された。その直前、インド仏教の大学僧シャーンタラクシタ（Śāntarakṣita, 七二五～七八八頃）とともにチベットに招聘された密教行者パドマサンバヴァ（Padmasambhava）によって、チベットに密教が伝えられた。ブータンはラサの南方二〇〇キロ程度と距離的にも近く、七～八世紀頃には中央チベットから仏教が伝わったとされている。以後、ブータン仏教はチベット仏教文化圏の中で発展していった。

ブータンも日本も、大乗仏教が主流であり、顕教と密教がともに存在する点で共通する。ではどの部分が異なるかというと、戒律の扱いが最大の相違点と言えよう。つまり、ブータンでは出家仏教が、日本では在家仏教が主な位置を占めているのである。もちろん日本にも、鑑真（六八八～七六三）を開山とする唐招提寺を中心に、『四分律』（インド部派仏教の法蔵部の戒律）の伝統が存在していたが、天台宗の最澄（七六七～八二二）が、東アジアの戒律解釈に大きな影響を与えた『梵網経』に基づいた「菩薩戒」を採用し、旧来の具足戒を廃して以降、具足戒を堅持する比丘は殆どいなくなった。さらに、明治以降は僧侶の妻帯が当たり前になった。以後、名称としては「僧侶」と呼ばれるものの、その殆どは実質的に在家者という状態である。他方、ブータンの仏教ではチベットと同様、原則的に僧侶は妻帯が許されず大半が具足戒を遵守している。一方、僧侶を辞めて還俗した者でも、仏教修行を続けたい場合は、「ゴムチェン」と呼ばれる俗僧として俗服の上に僧衣を纏い、比丘と一緒に葬儀や法事を行うことが許されるが、比丘とは明確に区別される。その服装からも比丘との差異を判別できるが、他にも例えば、中央僧院の公職に就くことはできないなど役職の制限も存在する。

すなわち、ブータンと日本の仏教の最大の相違点は、出家僧たる比丘の存否である。ブータンでも当然、比丘でありさえすれば誰もが帰依の対象になる訳ではないが、それでも厳しい具足戒を遵守している点については、俗人とは異質の存在として一定の敬意が向けられる。逆に、現在の日本における仏教や僧侶への敬意の低さの要因の一つは、比丘の不在であろう。

日本仏教の可能性

とはいえ、わが国の俗僧に全く望みがない訳でもない。ブータンの俗僧の中には、出家僧を凌ぐカリスマ性を持った者が存在する。その殆どは、「リンポチェ」と呼ばれる仏や菩薩、高僧などの化身として、民衆の篤い帰依を受ける。但し、化身なら誰でもがというわけではなく、学識と修行をしっかりと積んだ者のみが大衆からの支持を集め、そうでない化身は見向きもされない。また、化身ではない一般の俗僧であっても、地域社会において精神的指導者の地位にある者も少なくない。むしろ、そうした俗僧たちこそが、世俗社会において民衆の身近で常々宗教的な教育にあたっているのであり、ブータン仏教全体の底上げという意味では不可欠な存在とさえ言える。

近年、他国の仏教と比較して、戒律を喪失したわが国の仏教を痛烈に批判する、或いは悲観するケースをしばしば目にする。しかし、民衆レベルの仏教の実践を底上げするためには、出家僧やカリスマ的宗教者の力だけでは十分でない。むしろ、大衆に身近な俗僧の質を高めることこそ必要なのではないか。

俗僧というのは、現在の日本仏教を担っている「僧侶」の大半である。すなわち、俗僧の奮起と向上によって、わが国の仏教の再興にも期待できるのである。

そのために必要なのは、深い学識と厳しい修行であろう。近年、わが国の仏教界では僧侶の社会参画の必要性が声高に叫ばれている。しかし、社会参画を行う前に、まずは仏教そのものについて学識と修行の両面をしっかりと身につけておく必要がある。仏教の基礎的な素地があってこその社会応用、社会参画である点を忘れてはならない。

GNH政策の日本への応用可能性

ブータンのGNHは近年、各国から注目されているが、これを全くそのままの形で現在の先進諸国に応用すると、大きな混乱を起こすことになるだろう。というのも、先進国では何よりも経済が重要視されるため、経済政策の割合を九領域の一つ、つまり、僅か十一パーセントに設定するのは現実的ではないからである。したがって、応用の際には、例えば最初は、経済の割合を五十パーセントとし、そこから段階的に四十パーセント、三十パーセントと少しずつ下げていくといった比重の再設定や、また、ブータンの場合とは異なる各国の特性に合わせた新領域の考案など、柔軟な運用が必要となると考えられる。

実はブータンのGNHは、すでに日本の自治体の行政に応用されている。最も早い例は、東京都荒川区である。同区の西川太一郎区長が二〇〇五年に荒川区民総幸福度（GAH：Gross Arakawa Happiness）の理念を提唱し、区政シンクタンクの荒川区自治総合研究所を設立した。健康・福祉、子育て・教育、産業、環境、文化、安全・安心という六分野からなる指標を作成し、統計調査を開始した。

荒川区が幸福政策を開始して以降、わが国の多くの自治体が同様に幸福指標を作成し、幸福政策を進めることになった。その主たるものを以下に挙げておく。

・「京都指標」（京都府、Kyoto Index）
・「とやま幸福度関連指標」（富山県）
・「兵庫のゆたかさ指標」（兵庫県）
・「県民総幸福量」（熊本県、AKH：Aggregate Kumamoto Happiness）
・「市民の幸福度」（新潟市、NPH：Net Personal Happiness）
・「浜松総幸福量」（浜松市、GHH：Gross Hamamatsu Happiness）

二〇一三年には、自治体連合の「幸せリーグ」（住民の幸福実感向上を目指す基礎自治体連合）が設立された。同リーグでは、年一回の総会に加え、複数回の実務者会議を開催、複数の自治体の実務者同士で地域を超えた共同調査、情報共有を行い、政策化に繋げている。

このように、ブータンのGNH政策は、形を変えながら、わが国の地方行政にも大きな影響を与えている。しかし、その際に注目されるのは、凡そGNH政策の枠組み、すなわち実務的側面であり、GNHの根底に横たわっている仏教思想については看過されがちである。仏教の倫理的側面に関しては、政教分離の原則を損なわないことから、わが国の行政にも応用可能と思われる。すなわち、日本の幸福政策の更なる発展のために、実践仏教の果たしうる意義と役割は十分に存在するのである。

結　語

以上、本章では、ブータンという一小国に注目し、同国の実践仏教について概観した。ブータンについては、近年、GNH政策への注目が高まり、無批判に礼賛するようなケースもよく見受けられる。「世界で一番幸福な国ブータン」といったキャッチフレーズはまさにその一例である。しかし、本章でも扱ったように、ブータンにも難民問題や失業問題など、深刻な課題が山積している。

そこで本章は、ブータンと同国仏教を紹介するとともに、ブータンの仏教が同国社会の幸福と不幸の両側面とどのように対峙してきたかを論じた。ブータンは、経済的には途上国でありながら、高い幸福度を維持している。成功している幸福政策も多数あるが、その大本をGNHの政策的側面のみに帰する傾向がまま見受けられる。しかし、そのGNHの理念には仏教の哲学や倫理が巧みに応用されている点を見逃してはならない。ブータン人たちの個人的幸福には仏教の信仰的側面が大きく関わっているが、集団的幸福や社会的幸福には、仏教の倫理的側面、特に大乗仏教の利他思想が色濃く影を落としている。ブータンでは、仏教のそうした倫理的側面を、僧侶側が伝えようとするだけでなく、王家や政府、市民たちが積極的に学んで政治、経済、そして日常生活にまで取り入れようとしてきた。このように、聖俗の双方が高い実践的意識を保持しているため、仏教倫理が机上の空論にならないのである。そこには、宗教と世俗との極めて強い紐帯が厳存しているのだ。

このような宗教と世俗との紐帯が構築できている理由は色々と考えられる。まず、ブータンには具足戒を守る比丘が多数存在するという事実である。妻帯や飲酒をせず自らを厳しく律する僧侶の姿を見て、市民たちは仏法僧の三宝に敬意と信頼を抱く。僧侶たちが修行に専念するためには、金銭も含めた周囲からのサポートが必要であるが、ドゥク派を国教として頂くブータンでは、政府からの手厚い支援があり、僧侶たちは金銭の獲得に奔走することなく、腰を落ち着けて勉学と修行に専念できる。結果として、優秀な僧侶が多く輩出し、更にそれが市民の信頼に繋がっていくという、正の循環が出来上がっているのである。また、比丘だけではなく、ゴムチェンと呼ばれる俗僧たちの役割も見逃せない。むしろ、民衆にとってより近い存在である熟練した俗僧たちこそが、民衆たちの仏教理解、仏教実践のために大きな役割を果たしているとも言えよう。

上述のように、ブータンにも不幸な課題が山積しているが、そうした問題に対し、僧侶たちも最大限の注意と努力を払い、国民の幸福と社会への貢献を行っている。その意味で、ブータンでは仏教が極めて実践的に機能していると言える。

残念ながら、わが国の仏教は、ブータンに比べて「実践」という点で機能不全に陥っているように思われる。両国の仏教の最大の相違は比丘の有無であろう。わが国では、天台宗の最澄が菩薩戒を採用して具足戒を廃し、比丘が激減した。しかし、平安末期には、聖と呼ばれる俗僧たちが登場し衆生救済に奔走するなど、高い実践性が世の幸福に寄与してきた。彼らは比丘ではないものの、高度な仏教知識と修行を備えた仏教実践家であったからこそ、末法の世に怯える民衆たちから全幅の信頼を寄せられたのである。

すなわち、現在の日本の仏教も、僧侶（俗僧）の学習と修行の質が向上すれば、高い実践性を回復し、世間からの信頼を取り戻すことも不可能ではない。しかし、そのためには、僧侶の養成システムやカリキュラムを根本的に見直す必要があろう。現在のように僧侶個人の努力だけに委ねた修学ではなく、仏教界全体で僧侶の質を底上げする仕組みを構築していく必要がある。また、僧侶側の努力だけでは不十分である。在家者も僧侶との対話を重ね、時に批判を交えながらも、積極的に支援していくという姿勢が必要となってくるであろう。政府から僧団に対する財政支援のない日本の場合には、なおさら在家者側からの協力が不可欠と思われる。

また、現在のわが国は内政以外にも、慰安婦問題、拉致問題、領土問題など、沢山の国際問題を抱えている。こうした国際問題に関しては、国益を守るために様々な駆け引きが必要となる。その点は、ブータンも日本も全く変わることはない。しかし、その際、係争国や交渉相手に対して、警戒心から接していくのではなく、友愛を前提として持ったうえで、駆け引きや交渉を進めていくという姿勢が大切なのではないか。ブータンがアッサムのゲリラと対峙した際、政府が仏教界からの批判を真摯に受け止め、可能な限り大乗仏教の利他の精神に基づいて問題の処理に当たったことは、国際政治における仏教の倫理的実践とも呼べるであろう。ブータンにおけるこうした実践仏教の事例は、宗教への関心や信頼が薄れ切ったわが国にとって、大いに参考になるのではないかと思う。

第三章　現代医療と向き合う

室寺義仁

はじめに

「現代医療と向き合う」現代社会の仏教を考えるとき、「現代医療」は、その進展が著しい。そこでまず、本章では時限を区切り、平成三十年度末までの本邦における現代医療の最新事情について、概略を紹介する。また、現代医療と向き合うとき、私たちが自らの命を守る視点として、すなわち、信頼出来る情報を目で見てしっかりと考えておくべき点として、個人情報とインフォームド・コンセント、医療情報、臨床研究の実情に言及する。そして、高齢社会における医療として、「地域包括ケアシステム」に触れる。この現代の社会福祉・医療システムの中で、宗教者たちの活動を位置付けることは出来るのかという問題意識からである。

第二節では、僧侶たちの行動、また、その行動を支えている人々による実践活動を、現代の医療分野との係りの中で、また、主として教育研究機関における取り組みを中心として、取り上げてみたいと思う。ただし、本章では、ごくわずかな数の仏教者たちによる活動の一端に触れることとしか出来ないことを、予めお断りしておきたい。その上で、宗教者という専門職にある人々に対しても、医療の専門職にある人々と同じように、倫理的行動が求められていると考えるため、続く第三節では、医の倫理について言及し、医療専門職とは異なる立場で、その宗教的な行動を発動するときに拠って立つべき、倫理的な行動原理を考えてみたい。

最後に、仏教者として、現代医療と向き合うときの心構えを造るために学ぶべきと思われるブッダの教えを、パーリ語で伝わる『ダンマパダ』（邦訳で『真理のことば』）の代表的な和訳書から紹介したい。

なお、本章で用いる仏教者という語は、伝えられる仏教の教えの許で、各宗派（例えば、広域宗教団体）の管轄下の許で資格が認定された僧侶（「宗教法人法」で言う宗教「教師」）たち、及び、仏教の教えに現に導かれている人々や興味関心を抱いている人々という程の意味合いで用いたいと思う。簡潔には、仏教者と述べ、宗教者と述べるときには、宗教宗派を問わない。

現代日本における仏教の一つの姿

ＮＨＫ放送文化研究所は、『現代日本人の意識構造』と題して、日本人の意識の変化について、分析結果の報告を公刊している（二〇一五年）。一九七三年に開始された第一回「日本人の意識調査」に始まり、二〇一一年三月十一日に発生した東日本大震災・福島第一原発事故後となる、二〇一三年までの四十年間に亘る成果である。その中、「国際化・ナショナリズム・宗教」の章題の許に、「信仰・信心」と「宗教的行動」との二側面から、すなわち、特定の宗教の形をとらない、地域生活に根付いた宗教的な文化現象も取り込む形で、一、信じているもの（「神」「仏」などの八つの選択肢からの複数回答）と、二、おこなっていること（「礼拝・布教」「お祈り」「墓参り」「聖典・経典」「祈願」「お守り・おふだ」「おみくじ・占い」「していない」の八選択肢）についての質問（全五十五問中の二問）結果について分析報告がなされている。ここでは、その中、後者の宗教的おこないの質問に対して、過去五年間での特徴的な変化として、「年に一、二回程度は墓参りをしている」という行動のみが、年齢層を問わず、増加したとの報告がなされている点に注目しておきたい。宗派の祖師を崇拝し、各家の先祖を供養するという、従来からの日本の仏教者の姿を今に見ることが出来るからである。しかしながら、その一方で、産業構造の変化に伴い、かつての大家族での同居形態から一世代あるいは二世代の核家族での生活へと変容し、近年現象してきたのが、所謂「墓じまい」の世相である。この点、例えば、鵜飼（二〇一五）は、地方の限界集落などに位置する寺院を取材して、「地方から寺と墓が消える」有り様についてルポルタージュされた様々な人々の声を拾い上げ、「『寺が消えることとは、自分につながる〝過去〟を失うことでもある』ことを、わずかでも感じ取っていただければ幸いだ」と記している。相澤・川又（二〇一九）の中、特に第五章「寺院と墓地の現在――「墓じまい時代」の課題」などの報告も参照していただきたい。実際、このような世相が一方にあるからこそ、高齢社会に生きる私たちは、現代医療と向き合うときも又、仏教が果たす役割を新たに問い直す必要があるのだろうと思う。

第一節　現代医療の進展

現代の日本社会における医療分野の展開は、創薬や機器などを含む医術の進展が著しい。医療に係る近年の用語の展開を挙げてみれば分かり易い。平成十八年九月まで用いられてきた「高度先進医療」という術語は、厚生労働省の新たな政策策定過程の中で、平成十六年度には「先進医療」の語をもって併用され、平成十八年十月からの医療保健の適用に合わせて、「高度」の語は明確に削除された。現行は

「先進医療」という術語が使用され、民間の生命保険会社なども、この「先進医療」を前提とした保険商品を提供している。ただし、術語化しない文脈では、「高度な医療」という言葉で語られている。その一方で、平成二十年度から内閣府の科学技術政策の一つとして「先端医療開発特区」が創設され、「先端医療」との術語も併用される。この「先端医療開発特区」なる構想は、厚生労働省による「革新的創薬等のための官民対話」で提唱されたものであるが、ノーベル生理学物理学賞を受賞した山中伸弥・京都大学教授を代表者とする研究、「ｉＰＳ細胞医療応用加速化プロジェクト」などがある。

このように、現代医療を特定の術語で記述しようとするとき、高度、先進、先端など、何をもって現時点での最先端なのかを世間の人々に知らしめるために、医療の分野でも、言葉が自己増殖してしまっている。文言が文言を生む世界に私たちは生きていることを改めて知ることとなる。伝統的な仏教用語で言い換えれば、私たちは「戯論《けろん》」（ことばの虚構）によって「戯論」に満ちた（真実の実相と相反対立する、寂静ではない）この世相の中でうごめいているのである。

㈠ 個人情報とインフォームド・コンセント

現代医療に係る最近の情報（平成三十年度末まで）に、少しばかり目を向けてみたい。

まず、個人情報の取扱いとインフォームド・コンセントについて、「医療法」と関連して簡略に述べる。

二〇〇三年公布・二〇〇五年施行の「個人情報の保護に関する法律」（略称：個人情報保護法）が改正

され、二〇一五年公布・二〇一七年五月三十日から全面施行された「改正個人情報保護法」（現行法）では、個人情報として「個人識別符号」なる範疇が設定された。具体的には、「旅券番号」や「運転免許証番号」のように個人に割り当てられた文字、番号、記号等の符号という限りの意味では、一般の私たちでも理解が及ぶものである。しかしながら、身体的特徴（改正個人情報保護法第二条二項一号）の中でも、例えば、「細胞から採取されたデオキシリボ核酸（別名ＤＮＡ）を構成する塩基の配列」を文字列で表記したものは、遺伝型情報により本人を認証することが出来るようにしたものであるが、このようにして科学的に説明される個人情報の符号を私たちが個人として知ることは、通常の日常生活を送っている中では、まずあり得ないであろう。しかしながら、診察を受け治療の種類によっては、医師から行われる説明内容に、自身や家族の遺伝情報が含まれる場合もあり、その説明に納得し同意する判断が出来るだけの知識は必要であろうと思われる。インフォームド・コンセントと呼ばれる手続きにおいて、患者自身の考えの確かさを、同意という意思表示の形で示さなければならないからである。

このインフォームド・コンセントという用語は日常的に広く知られるようになった。一九九七年改正の「医療法」第一条の四第二項において初めて明文化された文言に拠れば、「医療の担い手は、医療を提供するに当たり、適切な説明を行い、医療を受ける者の理解を得るよう努めなければならない」との「適切な説明」と「医療を受ける者の理解」を内容とする。とは言え、一方では、この医療を受ける側のある一つの医療行為への同意をもって、当人が仔細までは理解していない遺伝型情報等の個人情報が、所謂、ビックデータの集積と活用の展開の中で、例えば、医療情報の一つとして利用されている可能性がある。当人が気づかない内に、個人情報が、人類の幸福のため、健康のために、研究手段として活用されている事実が、現代医療の進展背景にあることを忘れてはならないと思う。

「医療法」施行規則の一部改正に伴い（厚生労働省の平成二十八年八月改正省令によって）、高度の医療を提供出来るなどの要件を満たした大学病院を始めとして、厚生労働大臣の承認を得た「特定機能病院」と同等に、国際水準の臨床研究や医師主導治験の中心的な役割を担う「臨床研究中核病院」においても、医療安全の確保を図るため、病院の管理者の責務の一つとして、「インフォームド・コンセントに関する責任者を配置」し、「インフォームド・コンセントの実施に必要な方法に関する規程を作成すること」によって、医療者側が患者側の理解を得ることが義務付けられた。併せて、私たち患者の側には、選択可能な標準的な治療方針が複数ある場合（例えば、あるガン症状の初期段階で、手術・薬物療法、化学放射線療法、放射線療法、ホルモン療法、分子標的治療などの選択が可能な場合）、説明を受けた上で、その中の一つの治療方針を、患者自ら選択することが求められることがある。「インフォームド・チョイス」、あるいは、「インフォームド・ディシジョン」と呼ばれるが、患者の「自律」――この用語については、「生命倫理の四原則」について後述する中で言及するが、その「自律」――を尊重する判断であるとともに、患者の自己責任に委ねる判断でもある。その結果、私たちは、手術や薬物療法に立ち向かう前に、予後（術後の平均的な生存期間等）についての標準データを知らされ、我が身の余命や治療後の身心の状態に思いを巡らすことになる。

(二) 医療情報

次に、医療情報について、「薬事法」と関連して述べる。

平成二十五年公布の「薬事法等の一部を改正する法律」(平成二十五年法律第八四号)によって、所謂「医薬品医療機器等法」(略称)に製造管理及び品質管理の新たな規定が導入され、その取扱いが示された。そして、新たに一般的名称を創設する(定義の変更を含む)際の取扱いについては、「医療機器又は体外診断用医薬品の分類等(案)※及びその判断理由」を、独立行政法人医薬品医療機器総合機構に提出することが、厚生労働省大臣参事官(医療機器・再生医療等製品審査管理担当)の名の許に、各都道府県衛生主管部(局)長宛に通達された(この中、アステリスク付の注記内容は、※医療機器にあっては、特定保守管理医療機器、設置管理医療機器、特定医療機器、QMS適否(限定一般医療機器への該当性を指す。クラスⅠ医療機器に限る)、製品群(クラスⅡ以上の医療機器に限る)、修理区分、生物由来製品及び特定生物由来製品等の該当性、体外診断用医薬品にあっては、大分類、中分類及び検査項目等の該当性、と記される)。

この一段に紹介した行政文書の内容を理解することもまた、一般の私たちには困難であり、専門職にある人々の職務に係ることである。ここで述べたいことは、私たちもまた、専門職にある人々や医療の担い手となる人々と同じ様に、医療情報として、独立行政法人医薬品医療機器総合機構、略称PMDA(Pharmaceuticals and Medical Devices Agency, 平成十六年四月一日設立)のウェブサイトにおいて、逐次更新される、最新の医薬品・医療機器の関連情報、具体的に言えば、医療安全に係る情報を知ることが出来るようになったという点である。前項の中で触れた「インフォームド・チョイス」の問題、換言すれば、

患者側の「自律」的判断とも繋がる医療情報が、ウェブサイトで確認出来るようになった訳である。(1)

(三) 臨床研究

最後に、臨床研究について、「臨床研究法」並びに「人を対象とする医学系研究に関する倫理指針」と関連して簡潔に述べる。なお、「生命倫理」の原則については後述する。

平成二十九年四月公布、平成三十年四月一日施行の「臨床研究法」は、「臨床研究の対象者をはじめとする国民の臨床研究に対する信頼の確保を図ることを通じてその実施を推進し、もって保健衛生の向上に寄与することを目的として」定められた。(2)「臨床研究」とは、医薬品等を人に対して用いることにより、当該医薬品等の有効性又は安全性を明らかにする研究のことである。同法において、医行為を伴う臨床研究の中、「特定臨床研究」とは、製薬企業等からの資金等の提供を受けて実施する臨床研究、並びに、医薬品・医療機器・再生医療等製品であって承認を受けていないもの、または、当該承認に係る用法や用量と異なる用法等で用いる研究（所謂、「未承認」あるいは「適用外」を手段とする研究）のことである。そして、平成三十年四月一日以降に開始（予定含む）又は実施中である臨床研究に関しては、研究責任者、研究責任医師又は研究事務局は、チェックリスト(3)を用いて、研究課題毎に特定臨床研究に当たるか否かの該当性について確認することが義務付けられた。また、同法の適用となる臨床研究は、臨床研究審査委員会による審査とその実施計画の届出が必要になった。

臨床研究は、まずもって「人を対象とする医学系研究に関する倫理指針」「ヒトゲノム・遺伝子解析研究に関する倫理指針」（略称、新ゲノム指針）を遵守することが義務付けられている。両指針ともに、「個人情報の保護に関する法律」、「行政機関の保有する個人情報の保護に関する法律」及び「独立行政法人等の保有する個人情報の保護に関する法律」の改正に伴い指針の見直しが行われ、平成二十九年二月二十八日付けで一部改正の告示が行われた。現代日本の医学研究における人を対象とする臨床研究は、これらの法整備により、医療情報の集約的一元化を含め、新たな段階に入ったと言える(4)。

私たちは、厚生労働省のウェブサイトから、例えば、平成三十一年度版死亡診断書（死体検案書）記入マニュアルや、出生証明書及び死産証書（死胎検案書）記入マニュアルも閲覧出来、知ろうと望めば知ることが出来るような情報化社会に生きているのである(5)。

(四) 高齢社会における医療

さて、以上のような情報を知り、その上で、現代医療の現実に向かって仏教者は、どのような行動を取ることが出来るのであろうか。

まず最初に、二〇二五年問題に触れる。もう数年後に日本社会が直面する課題である。すなわち、所謂「団塊の世代」（一九四七年から四九年生まれの世代）が後期高齢者になる頃は、人口の凡そ五人に一人が七十五歳以上、三人に一人が六十五歳以上となる。しかも、高齢者世帯の約七割が一人暮らし、あるいは、高齢夫婦の世帯となると予測されている。国家の財政上の取り組みとして、介護・医療費などの社会保障費に係る課題が大きく取り上げられる時代となった。その一方で、医療現場での過重労働、特

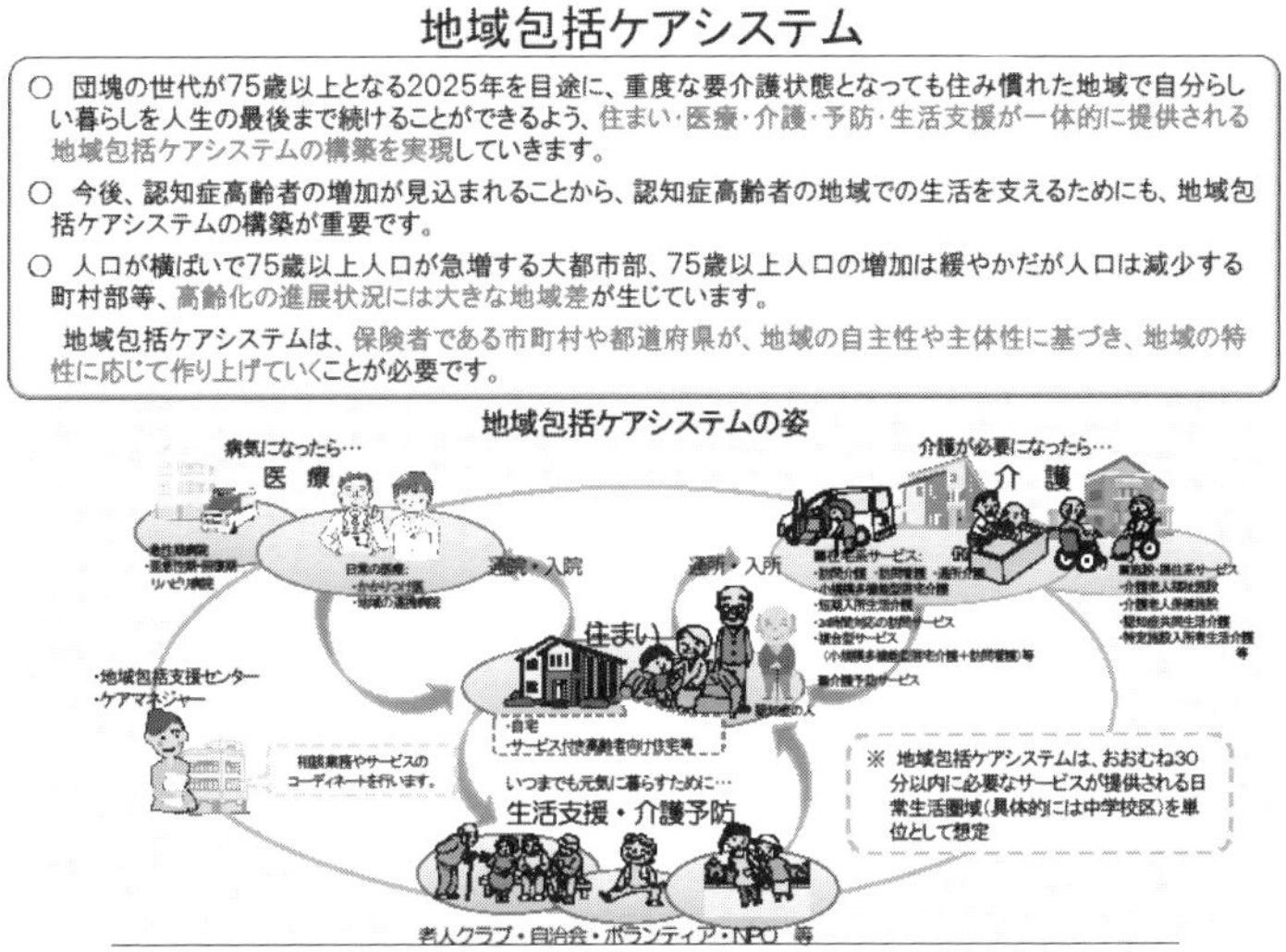
地域包括ケアシステム
○ 団塊の世代が75歳以上となる2025年を目途に、重度な要介護状態となっても住み慣れた地域で自分らしい暮らしを人生の最後まで続けることができるよう、住まい・医療・介護・予防・生活支援が一体的に提供される地域包括ケアシステムの構築を実現していきます。
○ 今後、認知症高齢者の増加が見込まれることから、認知症高齢者の地域での生活を支えるためにも、地域包括ケアシステムの構築が重要です。
○ 人口が横ばいで75歳以上人口が急増する大都市部、75歳以上人口の増加は緩やかだが人口は減少する町村部等、高齢化の進展状況には大きな地域差が生じています。
地域包括ケアシステムは、保険者である市町村や都道府県が、地域の自主性や主体性に基づき、地域の特性に応じて作り上げていくことが必要です。
地域包括ケアシステムの姿
病気になったら…
医療
通院・入院
介護が必要になったら…
介護
通所・入所
住まい
・自宅
・地域包括支援センター
・ケアマネジャー
相談業務やサービスのコーディネートを行います。
いつまでも元気に暮らすために…
生活支援・介護予防
老人クラブ・自治会・ボランティア・NPO 等
※ 地域包括ケアシステムは、おおむね30分以内に必要なサービスが提供される日常生活圏域（具体的には中学校区）を単位として想定

図1　厚生労働省のウェブページで紹介される「地域包括ケアシステム」のイメージ図（「地域包括ケア研究会」の研究事業報告書（平成28年3月））

に研修医や地域医療に当たる医師たちの労働時間が、所謂「過労死」の目安とされている月八十時間の残業の二倍を超えるような勤務実態になっている事実、介護に当たる人材が低賃金や重労働のため不足している事実など、現代日本における福祉現場での現状は、私たち一人一人が手厚い保護を求めたくても、実際にはとても厳しい状況に直面してしまう様相を呈している。

厚生労働省は二〇一三年、認知症施策の基本方針である「認知症施策推進五ヵ年計画（オレンジプラン）」を策定し、二〇一五年には「新オレンジプラン」を発表した。このプランに従って、「地域包括ケアシステム」が福祉行政上の救いのネットワークとして実働している。このシステムの中で、地域社会に根付いてきたはずの、恐らくは各檀家親子三世代に渡る家族の顔と名前を知るはずの寺院僧侶たちは、どのよう

な役割を担っているのであろうか、また、担うことが出来るのであろうか。前頁に、厚生労働省が紹介する「地域包括ケアシステムの姿」を挙げた。この中、例えば、一つの社会資源としての住民互助の中に、僧侶の姿を描くことは出来るであろうか。

このイメージ図の最下段には「老人クラブ・自治会・ボランティア・NPO等」と記される。これらは、例えば、前頁の報告書（二〜三頁）において提言されている、自治体が円滑に地域包括ケアシステムの構築を推進するための「地域マネジメント」の取組の姿を構成する諸資源なのである。すなわち、地域の実態把握と課題分析を通じて設定された地域の目標を達成するためには、「自助・互助・共助・公助」に基づく「医療・看護」「介護・リハビリテーション」「保健・福祉」「介護予防・生活支援」の各資源を、如何に発掘・整備しつつ、組み合わせ、ニーズに対応していくのかということが課題となる。

厚生労働省が年次毎に公表している「人口動態統計」によると、一九五一年の統計開始以降、病院死が自宅死を上回るのは、一九七六年のことである。また、出生数が死亡数を下回るのは、二〇〇五年である。そして、二〇〇九年次においては、病院死の割合が七十八・四%、自宅死が十二・四%、老人ホームでの死が三・二%、介護老人健康施設での死が一・一%、その他と報告されている。現在、医療機関において、地域包括ケア病棟、並びに、その病床の数が増加している（診療報酬上の算定が出来る。上限日数は六十日とされる）。今後も、急性期病院を退院した後、他の医療機関や介護施設に移るなどして、元の生活に戻れるまでの経過観察やリハビリなどを享受出来る公的施設は増えていくはずである。例えば、このような福祉・医療の支援体制に対して、果たして、仏教者はどのような役割を担うことが出来るのであろうか。次の第二節では、大学の教育現場において、今世紀に入って新たに取り組まれている、幾つかの事例を紹介したいと思う。

第二節　教育研究機関における取り組み

現代医療と向き合う仏教者の一つの姿として、仏教系大学の履修課程の中で展開されている代表的な事例を見ておきたい。総じて言えば、病院の病棟や在宅における「緩和ケア」の現場において、医療者と協働出来る仏教者の育成を教育の目標としている。この課題に係る研究成果の一つとして、早島理（龍谷大学教授・滋賀医科大学名誉教授、当時）を研究代表者とする、二〇一四年から二〇一六年度の三年間に亘り科学研究費の助成を受けた研究課題、「緩和ケア医療チームで活躍出来る実践的仏教活動者（ビハーラ僧）育成の応用研究」（日本学術振興会科学研究費基盤研究C　二六三七〇〇六一）がある。各年度毎の研究成果報告書が公刊されている。『いのちの終わりを見つめ合う――医療者と仏教者の対話』第一篇から第三篇であるが、全四回に亘る公開講座と、二〇一五年に高野山大学で開催された日本印度学仏教学会学術大会におけるパネル発表「終末期緩和医療で医療者と協働できる仏教者の考察」が収められた集録である。医師・看護師・僧侶をパネリストとして招き、この種のテーマが当該学会で取り上げられたのは学会史上初めての出来事であった。

本節では、まず、㈠ビハーラ活動者養成課程について、龍谷大学での取り組み例を挙げる。浄土真宗本願寺派では、一九八七年以来、ビハーラ活動に取り組み、同宗派の宗団内において「ビハーラ活動者養成研修会」が開催されてきている。その中、二〇〇〇年には、龍谷大学短期大学部に「ビハーラ活動者養成課程」が開設された。そして、二〇〇九年、大学院に「実践真宗学研究科」が三年間の履修課程で設置され、二年次からの宗教実践分野と社会実践分野のそれぞれの実習プログラムが設定された。この中で、㈡「臨床宗教師」養成プログラムが、東北大学の寄附講座における「臨床宗教師研修」（二〇一二年から開始）との連携協力の許に、二〇一四年度から展開されている。最後に、㈢京都光華女子大学と滋賀医科大学での教育事例を紹介する。

㈠ ビハーラ僧

「ビハーラ」は、サンスクリット語のカタカナ表記である。基本的には、出家者たちが共に住まう寺院を意味する語である。一方で、今も利便的な造語として、「仏教ホスピス」という語が用いられることがある。後者の「ホスピス」（'hospice'）という用語の使用は、イギリスの女医、シシリー・ソンダース（一九一八～二〇〇五）が、一九六七年、勤務するロンドンの聖クリストファー病院にホスピス病棟(St. Christopher's Hospice）を開設したことをもって始まると一般的に説明される。「緩和ケア」（'palliative care'）が積極的に実践される病棟施設への呼称である。このホスピス開設運動が世界的に展開し、日本においても、ターミナルケアという、人生の最終段階で緩和ケアを積極的に行うことが出来る医療・看護が整った施設、並びに、そこでの苦痛緩和のためのお世話活動という意味で、仏教主義に基づいた

「仏教ホスピス」という語も用いられるようになったものであろう。ただ、この「ホスピス」精神は、そもそもキリスト教主義に根差していたため、また、実際に日本の施設に入る人々は、多くはキリスト教徒ではなく、それぞれの地域文化の中で育ち老いた人たちが多いことから、より日本人の精神文化に寄り添うような形でのターミナルケアの有り様が、医療現場で勤務する仏教者たちの中から求められるようになった。このような流れの中で、一九八五年、田宮仁（当時は、佛教大学社会事業研究所研究員）が、「ホスピス」に代わる「ビハーラ」という言葉を、「仏教を背景としたターミナルケア（終末医療）施設」の呼称として、佛教大学から、当時の水谷幸正学長と相談の上で提唱したという(6)。

そして、今、この「ビハーラ」施設で活動出来るビハーラ活動者を養成するカリキュラムを展開する大学教育機関が、龍谷大学である(7)。このビハーラ活動者という用語は、僧侶を目指すとともに「ビハーラ」での活動をも目指す「ビハーラ専門僧」（本章では、「ビハーラ僧」という通称を用いる）に限らず、僧籍を有しないままに「ビハーラ」での活動を目指す者も含む。一方、第二項で取り上げる「臨床宗教師」を目指す場合は、宗教「教師」の資格、すなわち、宗教宗派を問わず、仏教系、キリスト教系、神道系の各宗教団体（宗教法人法上の宗教団体）が認定する教師資格が求められる。具体的に言えば、日本臨床宗教師会による「認定臨床宗教師」には、「臨床宗教師研修修了者に資格を付与する条件として」、第一に「宗教者（聖職者）証明書：各宗教教団・寺社教会等が発行したもの」の提出が求められている。

現在のビハーラ活動は、必ずしも終末期医療のターミナルケアの現場に止まらず、人の生老病死を見据えた仏教者の取り組みとして、例えば、震災・震災後の支援などを含めた多様な広がりを呈してきている。例えば、藤丸（二〇一三）は、二〇一一年三月十一日に起こった東日本大震災の後、「金やん」（金沢豊）と「アベちゃん」（安部智海）の二人の僧侶による、仮設住宅に住む人々の声を聴く活動についての物語風の記録である。震災後の八月から始まって一年後までの、「聴く」ことに徹した活動記録である。そして、鈴木・磯前・佐藤（二〇一八）の第一部「沈黙の声を聴く――傾聴とは何か」の中で、金沢豊は「生者のざわめきを聴く――遺族の想いから生まれるもの」と題して、おおよそ五年間に亘る仮設住宅訪問活動を振り返り総括している。本書に含まれる各論考・コラムと併せて、参照いただきたい。

関連して、仏教者による災害救済活動の代表的な事例として、現在の台湾仏教界において世界から注目を集めている釈証厳法尼（一九三七年生まれ）の活動を挙げておきたい。詳しくは、次の二つの報告から活動内容を参照いただきたい。金子（二〇〇五）は、二〇〇四年十二月に発生したスマトラ沖の大地震による被災者に対する救済活動についての細やかな報告から始まる。並びに、志賀（二〇一六）は、現地調査を踏まえた上で、仏教系ＮＧＯ組織・慈済会による台湾内外における慈善活動の現況を「ソーシャル・キャピタル」という視座から、またその思想的基盤を「人間《ジンカン》仏教」（証厳による造語）という視座から考察することを目的とした論考である。

ここでは、この「慈済会」（財団法人台湾仏教慈済慈善事業基金会、通称「慈済《ツージー》」）の活動が、宗教法人としての活動では無い点に注目したいと思う。すでに紹介した「地域包括ケアシステムの姿」の中では、

「NPO」は一つの社会資源として構想されている。別の言葉で表現すれば、「ソーシャル・キャピタル」の一つである。もし、寺院、並びに、住職が、社会資源の構成要素の一因であり一員であるという視点を持てば、例えば、「災害時に寺社活用　急増　三〇〇自治体、二四〇〇施設と協力　阪大調査」（二〇一四年十月二十六日付朝日新聞）などとの報道記事にある様に、京都であれば、「緊急避難広場」として、清水寺や八坂神社などの十七社寺との協定が京都市と結ばれている（当時）ことも、住民互助の一つの姿であろう。この動きはさらに増えるはずである。このような視点から見れば、社会資源を構成する（と、筆者によって構想されたに過ぎないかもしれない）寺院・住職の行動が、今、問われているのであろう。

(二) 臨床宗教師

東北大学での取り組みについて言及する前に、日本におけるホスピス・緩和ケア病棟の流れを略述しておきたいと思う。日本臨床宗教師会は、臨床宗教師を養成する教育プログラムの一環として、医療機関や福祉施設での実習三十時間以上を求めている(8)。例えば、龍谷大学大学院実践真宗学研究科では、あそかビハーラ病院とビハーラ本願寺と連携することで、研修プログラムの実習施設を公示している。しかしながら、新たな制度を運用しようとするとき、特に実習施設を開拓・確保することが、運用を託された組織の実務担当者にとって、また、プログラム履修を目指す個人にとっても、まずもって大きな課題となる。

日本初のホスピス病棟は、一九八一年、浜松市の聖隷三方原病院において開設された。キリスト教主義に基づく。続いて一九八四年には、大阪市の淀川キリスト教病院に西日本初の病棟型ホスピスが開設される。一九九一年、全国ホスピス・緩和ケア病棟連絡協議会が発足し、現在の「日本ホスピス緩和ケア協会」(二〇〇四年に名称改称)へと展開している。(9)

医療界では、二〇一〇年に、日本緩和医療学会が発足させた「専門医認定制度」によって学会から認定された専門医第一期生が誕生した。これは、緩和ケア('care')から緩和治療('cure')へという、現代日本における医療潮流の一つの方向性を示している。(10)

仏教系での流れとしては、一九九〇年、栃木県益子町に、入院・緩和ケアまでも行う普門院診療所が創設された。医師で僧侶(真言宗豊山派)でもあった田中雅博(一九四六～二〇一七)が、自坊の西明寺境内に有床診療所を創設したのである。(11)

一九九二年、仏教系で初めてとなるホスピス病棟が設置される。新潟県長岡市の長岡西病院である。「ビハーラ病棟」と呼称され、病床数を増やしつつ現在に至る。(12)

二〇〇四年、東京都杉並区の立正佼成会附属佼成病院に、緩和ケア・ホスピス病棟(ビハーラ病棟)が開業する。この病棟については、林(二〇一四)に詳しい。

二〇〇七年、浄土真宗本願寺派が経営母体となって、京都府城陽市にあそかビハーラ病院が開設される。長岡西病院と並んで、ビハーラ僧が常駐する病院施設が西日本にも誕生したのである。(13)その後、二〇一七年には、福岡市の福岡聖恵(めぐみ)病院に、聖恵ビハーラ(緩和ケア病棟)が開設された。なお、

「日本ホスピス緩和ケア協会」のウェブページから、「ホスピス・緩和ケア病棟を持つ病院一覧」(正会員名簿)を知ることが出来る。

さて、臨床宗教師は、二〇一一年に発生した東日本大震災が引き金となって、東北大学大学院に実践宗教学寄附講座が設置されたことに始まる。宮城県宗教法人協議会の事業として、震災発生後いち早く、仙台市葛岡斎場に「遺族への宗教的ケアと相談業務」に対応するための「心の相談室」が、宗教宗派の別なく開設された(四月末まで)。同年五月からは、在宅緩和ケア医の岡部健(一九五〇~二〇一二)を室長とする「心の相談室」へと展開する。「弔いからグリーフケア(悼む悲嘆へのケア)まで、一貫した切れ目のないご遺族に対する支援を行うことを目的」とした。こうした人々の力で、二〇一二年四月に「臨床宗教師」を養成する寄附講座が誕生する。「心の相談室」から生まれた「実践宗教学寄附講座」なのである。詳しい事情の程については、鈴木岩弓「『心の相談室』の活動と東北の宗教文化」を参照いただきたい[14]。併せて、奥野修司『看取り先生の遺言 がんで安らかな最期を迎えるために』(二〇一三年)も参照いただきたいと思う。この「看取り先生」とは、岡部健のことであるからである。なお、京都大学こころの未来研究センターの研究プロジェクト「東日本大震災関連プロジェクト~こころの再生に向けて」の第二回研究集会の逐語録が、鎌田東二によって記録されており、この報告の中にも関連情報が記されている[15]。

現在は、二〇一七年に設立(法人登記)された一般財団法人日本臨床宗教師会が、「認定臨床宗教師」

の資格認定を行っている。「本法人は、被災地や医療機関、福祉施設等の公共空間で心のケアを提供する臨床宗教師の理念を基本とし、特定の宗教宗派に偏ることなく、互恵と協調を旨とし、スピリチュアルケア・宗教的ケアの普及と質的向上を図ることを目的とする」と謳われている（定款第二条）。臨床宗教師養成教育プログラムの認定機関は、東北大学大学院文学研究科実践宗教学寄附講座、龍谷大学大学院実践真宗学研究科、高野山大学密教実践センター、種智院大学臨床密教センター、武蔵野大学臨床宗教師・臨床傾聴士養成講座、愛知学院大学、大正大学、NPO法人日本スピリチュアルケアワーカー協会、上智大学臨床宗教師養成プログラムである（二〇一八年六月三十日まで認定）。宗教宗派を超えた取り組みが、東日本大震災を契機として始まったと言えよう。(16)

朝日新聞は、二〇一八年九月十一日から十月四日まで、「三・一一」と向き合う連載記事「てんでんこ」の中で、「祈り」と題して、被災地に身を置く宗教者から「祈り」とは何かを考える、全十八回に亘る記事を連載した。「震災から七年半。朝日新聞の調べでは、被災地の自治体が預かる身元不明遺骨は、宮城、岩手県でまだ一六八柱ある」として、「身元のわからない遺骨が今も仮安置されている」南相馬市にある新祥寺を取り上げる〈遺骨〉の記事から始まる。〈拝む〉では、漁港で海に向かって経を唱える僧侶と、その後ろ姿を世界に配信した報道写真の意味するところが取り上げられた。〈僧医〉では、岩手県立大槌病院の医師であり僧侶（日蓮宗）でもある宮村通典医師の許での臨床事例などが紹介された。そして、〈壁のない教会〉〈原点〉〈再出発〉と、祈りの意味を考え続ける柳谷雄介牧師の姿を追う連載記事をもって閉じられた。最後は、宗教者災害支援連絡会代表でもある宗教学者・島薗進のコメント、「復興と称して利益追求に走る社会システムが存在する中、辛酸をなめつつ人間と社会の弱さを実感している被災者にどう寄り添うか。その思いを言葉にしたものが祈り。公共空間で発せられる祈りと行動にこそ、多様な立場の人々と共有していける宗教の価値が問われているのではないか」との言葉で締め括られた。併せて、島薗（二〇一三）の終章「東日本大震災と仏教の力」も参照していただきたい。

東日本大震災発生から六年後の二〇一七年、公益財団法人全日本仏教会が発行（年四回発刊）する機関紙『全仏』第六三三号に、「東日本大震災と伝統仏教――精神文化の有力な基盤としての寺院と僧侶」と題して、島薗進（上智大学グリーフケア研究所所長、当時）からの寄稿文が掲載された。その中で、「阪神・淡路大震災では『心のケア』や『臨床心理士』の役割が注目されたのに対し、東日本大震災では『グリーフケア』や『臨床宗教師』に関心が集まった。苦難に対して精神医学や心理学やカウンセリングに期待する時代から、宗教やスピリチュアリティが欠くべからざる要素だと感じる時代へと一般社会が変化しているという事情もある」と談じられている。翌年の『全仏』第六三八号では、「医療現場における宗教」と題する特集が組まれた。その中で、「緩和ケア病棟での活動」として、臨床僧の会・サーラ代表の佐野泰典（臨済宗妙心寺派・京都府法輪寺住職）の京都岡本記念病院での活動と、そこに至るまでの地道な傾聴ボランティアの様子が報告されている。宗派を超えた有志が集まる「サーラ」もま

た、東日本大震災の年に発足した。(17)

三　光華女子大学と滋賀医科大学の例

「仏教看護」について論述するだけの識見が私にはなく、詳しく紹介することは出来ない。仏教と看護を巡る考察・思索は、日本における歴史的展開の考察や、現代医療の実際において仏教的思想と看護理論との結び付きを模索する論考を始めとして多岐に亘る。ここでは、一例のみ挙げておきたい。仏教系大学のアドミッションポリシーの中で初めて、「仏教看護の理念を背景」として専門職教育を行うことを謳ったのは、京都光華女子大学・看護学科である。この看護学科の歩みについて報告と考察を行う論考、鮫島・小澤・早島（二〇一八）を詳しくは参照していただきたいが、この中で、仏教思想を基盤とした授業カリキュラムが紹介されている。仏教の人間観を学び、生老病死についての生死《しょうじ》観を自らの言葉で語れるようになること、そして、慈悲の心を身につけることを教育の到達目標に据えて、四年間に亘り、看護の現場で起こる個々の事例についての課題を学生同士でグループ討論を交わす教育プログラムが実践されている。

私の本務校である滋賀医科大学においては、早島理（滋賀医科大学名誉教授）と、長倉伯博（浄土真宗本願寺派・鹿児島県善福寺住職）の両氏により十数年に亘り、「医の倫理　合同講義」（年一回の三コマ授業）が行われてきている。医学科生と看護学科生との合同講義でもあり、学外からの多職種のボランティアも参加するという意味で学内外の「合同講義」でもある。講義、グループ討議、全体討議から成るが、講義の中で、ベットサイドで活動を続ける臨床僧侶である長倉の体験から提起される事例が紹介される。この事例を基に、グループに分かれた討議の中で、学生たちが、宗教者、あるいは、僧侶や他大学教員などと意見を交わしながら、「医師・看護師として、どのように死と向き合って行けばよいか」について思索を巡らす。(18)

長倉は、緩和ケアの場において、患者とのコミュニケーションの中で気づかされたこととして、六つのキーワード、「感謝・傾聴・受容・促進・響感・提案」を挙げる。まず最初に、「つらいことを話す相手に私を選んでくれてありがとう」という感謝の気持ちを持つこと。次いで、緩和ケアの教科書では必ず語られる、患者の話を傾聴し、受け取り受容すること。時には、共に沈黙もしつつ、患者自らが自身の人生を語り始められるよう促進すること。病の苦しみを、「あんたにはこの辛さは分からん」と言われても、響き合う関係となって響感すること。一般に語られる共感という言葉には、こちら側からの押しつけ感があり、共感ではなく響感と言う。このようにして信頼関係が深まり、患者が「この人の話なら聞いてみよう」と思うようになってから、「こんな考え方もありますよ」と提案すること。これらの内容について詳しくは、長倉（二〇一八）を参照していただきたい。

第三節　生命倫理の四原則

医療の場面、あるいはそれに密接に関連した場面で生ずる倫理的諸問題を考えるときの基本が「生命倫理の四原則」である。専門職たる仲間内での約束事として、対社会的に表明する意義を持つものでもある。宗教者にとってもまた、公共の空間での行動を振り返り自省するとき、また、宗教と倫理の問題を考えるときにも、一つの目安となると思われる。

この四原則は、ジョージタウン大学・ケネディ倫理研究所のビーチャム（Beauchamp, Tom L.）とチルドレス（Childress, James F.）による『生命医学倫理（Principles of biomedical ethics）』（初版一九七九年）の中で提示され、現在も修正が加えられつつ展開している。「自律尊重原則」「無危害原則」「善行原則」「正義原則」の四原則である。ただし、「自律尊重」というときの「自律」理解において、他者に危害を加えない限りにおいて、「己れの欲するところを人に施す」（後述）という自己決定もまた、「自律」と考えられている点は、我々日本人には見落とされる傾向にあるので留意しておくべきである。

さて、これら四原則を平行四辺形に形どって、二つの中心点をイメージしたものが次頁の図である。理性的理念としての「原則」を四辺に、良心的行動としての「主義」を、平行四辺形を動かす二つの中心点に置いた。なお、ここで、理性と良心の二語を用いたのは、『世界人権宣言』（一九四八年）の第一条に謳われていることに拠る。「すべての人間は、生れながらにして自由であり、かつ、尊厳と権利とについて平等である。人間は、理性と良心とを授けられており、互いに同胞の精神をもって行動しなければならない」（外務省仮訳文）とある。（"All human beings are born free and equal in dignity and rights. They are endowed with reason and conscience and should act towards one another in a spirit of brotherhood."）また、二つの中心点に置いたのは、四原則に加えて語り始められた 'altruism' と、その対義語である 'egoism' である。この中、'altruism' と呼ばれる主義は、米国医科大学協会（AAMC）が、すでに一九九〇年代後半、未来を見据えた戦略的計画として、医学生に向けた学習教育目的に、社会的責任を個人としても集団としても果たすための医師の特性として掲げた、次の四つの性格の第一に挙げられる、簡潔に言えば、利他主義である。その四つとは、'Altruistic'（他者を利する）、'Knowledgeable'（豊かな学識）、'Skillful'（巧みな技術）、'Dutiful'（本務を守る）という性格である（括弧内は本章筆者の意訳）。この中、第一の特性が次のような英文で表明される、"Physicians must be altruistic."と[19]。

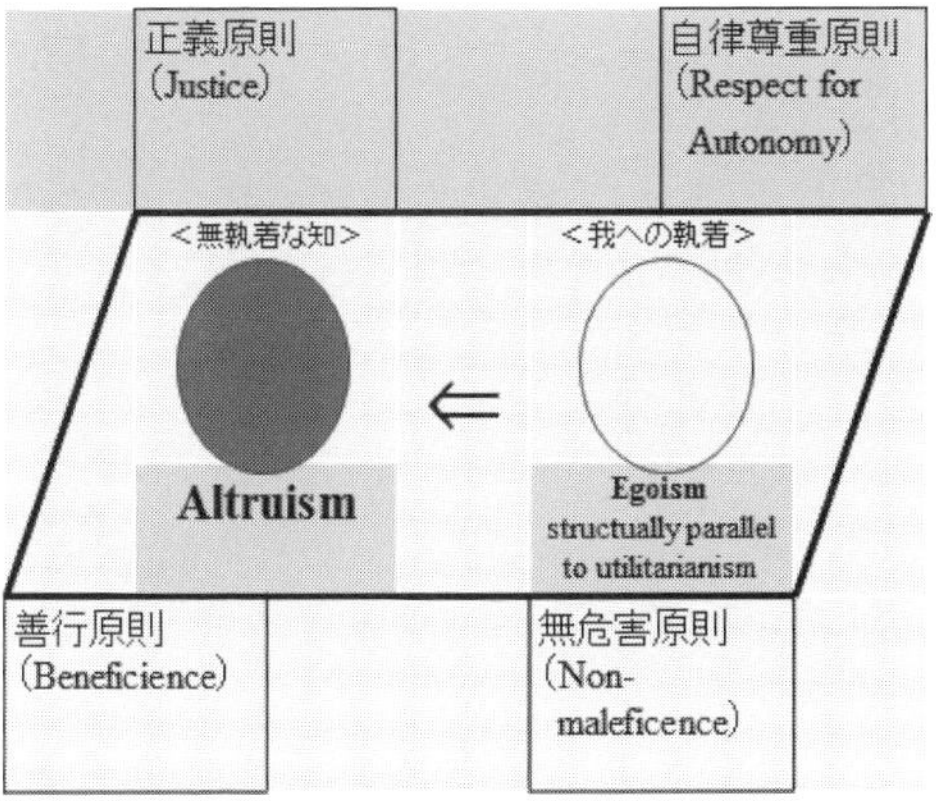

図２　生命倫理の四原則と利他主義（Altruism）

ここでは、エゴイズムとは、構造的には功利主義（「最大多数の最大幸福」に代表される、換言すれば、帰結主義）に類するものであると理解して良いので、仏教的表現を用いて簡潔に表現すれば、〈我への執着〉と換言出来ると考える。ただ、一方の 'altruism' は、「利他主義」（あるいは、「他愛主義」）と訳されてはいるが、外来日本語としての「エゴイズム」はそのままカタカナ表記で理解出来る（各種国語辞典に項目語として収録されている）のに対して、「アルトゥルーイズム」と表記出来ないのは、「エゴ」の用語の様には、この語（の原語である、「他者」の意味を持つ 'alter'）の意味は、私たち日本人一般にはまったく理解出来ないからである。にもかかわらず

「利他主義」との語でもって、「生命倫理」の原則を考えようとすると、従来からの日本語として、仏教用語として用いられてきた「利他」と「自利」という対義語の「利他」の語の語義をもって、「利他主義」の意味を、ついつい理解しようとしてしまう傾向があるように思われる（小学館『日本語大辞典』の「自利」「利他」の項目語解説などを比較参照のこと）。

「生命倫理」、あるいは、「医の倫理」の諸問題を語るとき、自国文化の中で醸成・生み出された思考回路をもって、外来の言葉を借りて論じるときの危うさに十分な注意を払う必要がある。端的に言えば、報酬を求めないのが「利他」であり、他方、'Altruism' は利他行為の主体である私への報酬を前提とする。こうした理解の許で、「アルトゥルーイズム」とは、仏教的表現に換言すれば、己れの心を造り為す方向として、〈無執着の知〉へと理性的知識の形を造り上げることであるという意味で、図の中に〈我への執着〉と〈無執着の知〉と記した。後者の知とは、例えば、自他の区別（優劣同等）をもってしか己れの存在を考え計ることが出来ないような我への執着から離れていくことの出来る知の形である。

第四節　「黄金律」（Golden Rule）と「不放逸」の教え

では、そもそも人々がとる行動の大本にある、行動原理とは、何なのか。ここでは、「黄金律」と呼ばれる、イエス・キリストの言葉、すなわち、「人にしてもらいたいと思うことは何でも、あなたがたも人にしなさい」「人にしてもらいたいと思うことを、人にもしなさい」（『マタイによる福音書』七章一二節、『ルカによる福音書』六章三一節、新共同訳）という、『マタイによる福音書』では「これこそ律法と預言者である」と続く、キリスト教における倫理の根本原理を手掛かりとして、最初に、医療者の声を聴き、次いで、仏教における「黄金律」に相当するであろう教えを考えたい。

近代医学教育の父とも言われ、アメリカの内科学を情熱的に改革したカナダ生まれの内科医、敬虔なキリスト教徒でもあった、ウィリアム・オスラー（William Osler, 一八四九～一九一九）は、「人生における三つの理想」を語っている。その中の一つが、この「黄金律」を実行することであった。すなわち、

> 私には理想とするものが三つある。一つは、その日の仕事を精一杯やり、明日については思い煩わないことである。（中略）第二の理想は、力の及ぶ限り、同僚や自分がケアする患者に、黄金律（訳者注：己れの欲するところを人に施せ）を実行することである。第三の理想は、たとえ成功しても謙虚な心を持ち、慢心することなく友人達の愛情を受けることができ、悲しみの日が訪れたときには人間に相応しい勇気を持って事に当たることができるような、そういう平静の心を培うことである。
>
> （日野原・仁木（二〇〇三）、二四九頁）

欧米のキリスト教文化圏では、人が行動を為すとき、人にしてもらいたいと思ったことをその通りに人に為す。前記の通り、『マタイによる福音書』、『ルカによる福音書』に説かれる、所謂、「黄金律」と呼ばれる、イエス・キリストが語る、言わば、「為せ」との行動原理が精神的な土壌にある。ここでは

代表的な一例しか挙げることは出来なかったが、キリスト教徒の医療者にとっても、医行為を行うときの行動原理の一つに、この「黄金律」がある。

では一方、仏教が説示する行動原理とは何なのか。まず、訳文中の訳者注「已れの欲するところを人に施せ」から、私たちは直ちに、「已れの欲せざるところは人に施すこと勿れ」との『論語』の教えを連想する。すなわち、極東の漢字文化圏では、人が為すとき、人から加えられて嫌と思うことは人に為さない。『論語』衛霊公篇に、「子貢、問うて曰く、一言にして以て終身之を行うべき者有りや。子曰く、其れ恕か。已れの欲せざる所は、人に施すこと勿れ」と説かれる、言わば、「為す勿れ」の行動原理である。確かに孔子によるこの言葉も「黄金律」と呼ばれることがあり、「為せ」も「為す勿れ」もともに、人生のそれぞれの場面で、大切な行動原理となっているはずである。そして、どちらの行動原理に拠って、場面状況に応じて、人は為すのか、為さないのか、この判断は、已れの注意力を傾注して初めて発せられるであろう。

この意味で、「黄金律」に相当する仏教の教えは、ブッダ最期の言葉として伝えられる、「怠ることなく努めなさい」との「不放逸《ふほういつ》」の教えであろう。「怠ることなく努めなさい」とここで訳した言葉は、パーリ語の表現では、“*appamādena sampādetha*”である。まず、代表的な現代語訳を挙げる。

さあ、修行僧たちよ。お前たちに告げよう、『もろもろの事象は過ぎ去るものである。怠ることなく修行を完成なさい』と。これが修行をつづけて来た者の最後のことばであった。

（中村元訳『ブッダ最後の旅――大パリニッバーナ経』岩波文庫本一五八頁）

この伝承が漢字文化圏に伝わる。例えば、西暦四〇〇年代前半の漢訳例を挙げる。

比丘らよ、放逸を為すなかれ。我は不放逸を以ての故に、自ら正覚に致れり。無量の衆善も亦た、不放逸に由りて得らる。一切万物に常存なる者なし。此れは是れ、如来末後の所説なり。

（大正新修大蔵経第一巻・二六頁中段）

ここに出る「不放逸」の語をもって、「不放逸」の教えと呼ぶ。放逸を為すなかれと、「為す勿れ」の行動原理を土壌とする精神文化に根差した教えの一つである。「放逸」を為すことなく、つまり、ついつい、うかうか、だらだら、ぼんやりと過ごすことなく、「仏道」を歩むことが勧められている。注意深くありなさい、との簡明な教えであり、行動原理である。詳しくは、奈良・下田（二〇一〇）、第六章「思想の深化」を参照。

第五節　ブッダの教えから学ぶ

放逸を為すことなく、注意深く生きることを思願する人々の歩みには、ブッダの教えに立ち返ってみれば、どのような道標が示されているのであろうか。私たちは、生まれ、老いて死に向かう生涯の過程において、必ず医療のお世話になり、手助けを借りなければならない訳であるから、その時々で、現代医療と向き合うことになる。その時々で向き合う心、そして、最終的に落ち着き安んじる心とは、どのような有り様の心であれば良いのか、ブッダの言葉から考えてみたい。

私たちの日々の行いは、自分自身が造り為した刹那の心である自己の心によって方向付けられている。この意味で、今、私たちがブッダの教えから学び取れる我が心の創造の仕方を、ブッダの言葉から学び、【私見その①】として、医療人一般に向かっての、医療を受ける側からの願い、並びに、【私見その②】として、疾病を抱えて養生治療を受ける身となった患者自身にとって、病気快復の先にあるはずの思いについて、私見を述べる。

㈠ 心の有り様について――『ダンマパダ』の教えから

まず、ブッダは「心」の有り様をどのように説いているのか、パーリ語の韻文で伝わる『ダンマパダ』（漢訳で『法句経』、和訳で『真理のことば』。全四二三偈が二十六のテーマ毎に分けられた伝承）から紹介する。『ダンマパダ』の第三章（第三三偈から第四三偈）には、「心」を語るブッダの言葉が集められている。ここでは、散文調で和訳された中村元訳から、後代の仏教教学に特に影響を与えたと思われる代表的な教説を挙げる（中村元訳は、岩波文庫『真理のことば　感興のことば』から引用）。

第三三偈　心は、動揺し、ざわめき、護り難く、制し難い。英知ある人はこれを直くする。――弓師が矢の弦を直くするように。

第三七偈　心は遠くに行き、独り動き、形体なく、胸の奥の洞窟にひそんでいる。この心を制する人は、死の束縛からのがれるであろう。

第四〇偈　この身体は水瓶のように脆いものだと知って、この心を城廓のように（堅固に）安立して、知慧の武器をもって、悪魔と戦え。克ち得たものを守れ。――しかもそれに執着することなく。

第四一偈　ああ、この身はまもなく地上によこたわるであろう、――意識を失い、無用の木片のように、投げ捨てられて。

第四三偈　母も父もそのほか親族がしてくれるよりもさらに優れたことを、正しく向けられた心がしてくれる。

多彩な心の働きには、まずもって「意」の側面がある。「意」とは、第三七偈に「遠くに行き、独り動き」と説かれるように、独行とも言われ、独り勝手にどこにでもいってしまう、あたかも暴れ馬のような側面がある。日本語で普通に使われる意向という言葉にもその側面がよく表れている。この独り勝手などこにでもいってしまう心を「制する人は、死の束縛からのがれる」と説かれる訳である。

心には、もう一つ、「識」つまり、認識、思考判断の側面がある。第四一偈に意識と訳されているのは、この「識」の側面の心のことである。ここでは、この意識が身体を捨て去ると、身体は地上に横たわり骸となり、人は死んでしまう、と説かれている。このように仏教では、人の死は「識」が身体を離れることだと考えられているが、これはそもそもインド古来の、アートマン（漢訳で「我」）の思想を踏襲する考え方である。一般には「無我」の教えに顕著なように、仏教はアートマンの存在を否定したと捉えられているが、ブッダの教えには、少なくとも「アートマンは存在しない」などという明言はない。第四〇偈の、「水瓶のように脆い」身体と対比させて説かれる、堅固に安立すべき「心」にも、アートマン的な色彩が色濃く表れている。「克ち得たもの」つまり、死の悪魔と戦える城廓のようにまで堅固になった心と、そこに備わった知慧を「守れ」と。ただし、「しかもそれに執着することなく」という但し書きが添えられるところに、強烈な仏教色を感じることが出来よう。

さて、第三三偈には、動揺し、護り難く、制し難い心を、「英知ある人はこれを直《なお》くする」とあり、第四三偈には、「正しく向けられた心」が説かれている。この第四三偈は、韻文調で和訳する藤田宏達訳も挙げておきたい（藤田訳は、『原始仏典七　ブッダの詩Ⅰ』より）。

第四三偈　母も父も　はたまた他の親族らも　なし得ざらんこと
　　　　　それよりも　さらに善く人になさん　正しく向けられたる心は

真直ぐに張られた弓弦のように、真直ぐな心から放たれる矢は、どこに向かうのか。正しく向けられた心は何を為すのか。親が子にするよりも「優れたこと」、親でさえも子にしてやれないようなことを、「さらに善く人に」為すのだと、ブッダは説いている。第三七偈の「この心を制する人々は、死の束縛からのがれるであろう」、また、第四〇偈の「(死の)悪魔と戦え」という言葉から考えて、また、後述する「道」の教えも考え合わせると、ここで「直く」「正しく向けられた心」が為すことは、おそらくその心を持つに至った人自身を、生老病死の苦しみの代表である死の束縛から解放して、涅槃(ニルヴァーナ)へと導いてくれる、という意味であって、他者に対して優れたこと、善行を為すという意味は、元来なかったであろう。しかし、正しく向けられた心が知慧をもって善きことを為す、という教えには既に、後の大乗仏教で花開く、菩薩たちの、利他行へと向かう「大悲」の心の発現への萌芽を、感じさせるものがある。

では、どうすれば、制し難い独り勝手な心を制し、死魔と戦えるほどに堅固にし、知慧を備えた「直く」「正しく向けられた心」に自己の心を造り為すことが出来るのか。それについては、これも『ダンマパダ』中村元訳から、「道」を説くブッダの言葉をいくつか紹介したい。第二〇章(第二七三偈から第二八九偈)に、「道」についての言葉が集められている。なお、中村訳の日本語表現に対して、藤田訳の訳語を鍵括弧で補った箇所がある。日本語としての用語理解を深めるための手助けとしたいからである。

第二七三偈　もろもろの道のうちでは〈八つの部分よりなる正しい道〉が最もすぐれている。もろもろの真理のうちでは〈四つの句〉(＝四諦)が最もすぐれている。もろもろの徳のうちでは〈情欲を離れること〉が最もすぐれている。人々のうちでは〈眼ある人〉（＝ブッダ）が最もすぐれている。

第二七四偈　これこそ道である。（真理を）見るはたらきを清めるためには、この他に道は無い。汝らはこの道を実践せよ。これこそ悪魔を迷わして（打ちひしぐ）ものである。

第二七五偈　汝らがこの道を行くならば、苦しみをなくすことができるであろう。矢を抜いて癒す方法を知って、わたくしは汝らにこの道を説いたのだ。

第二七六偈　汝らは（みずから）つとめよ。もろもろの如来（＝修行を完成した人）は（ただ）教えを説くだけである。心をおさめて［藤田訳「禅定に入りて」］、この道を歩む者どもは、悪魔の束縛から脱れるであろう。

この中、第二七三偈の〈八つの部分よりなる正しい道〉とは、漢訳で「八正道」、つまり、正しい見解（正見）、正しいおもい（正思）、正しいことば（正語）、正しいおこない（正業）、正しい生活（正命）、正しい努力（正精進）、正しい注意（正念）、正しい精神統一（正定）の八つ。この八つが、人を涅槃に導く正しい道だと、ブッダは説く。

〈四つの句〉（＝四諦）とは、ブッダが一切世界を見渡し、「悲」しみの極みに至った心に衝き動かされて、初めて、他者、と言っても昔の修行仲間の五人に向かって説法をした「初転法輪」のときの主たる内容である、「苦」「集」「滅」「道」の四つの真理のこと。すなわち、「苦諦」は、今ある、この生存はすべて、生老病死に代表されるような苦しみである（一切皆苦）という真理。「集諦」は、その苦しみの原因は「渇愛」であるという真理。「滅諦」は、その苦しみが止滅した状態、つまり渇愛が完全に捨て去られた悟りの境地があり、そこに到った者は二度と苦しみの生存を受けることはなく、生き死にを超えた涅槃に入れるという真理。「道諦」は、その涅槃に至る道筋（八正道）があるという真理のことである。「八正道」の中の「正定」、正しい精神統一・禅定においてもまた、この「四諦」についての瞑想が繰り返し説かれる。

「もろもろの徳のうちでは〈情欲を離れること〉が最もすぐれている」という言葉は、「四諦」の中の「集諦」に繋がる。情欲こそは渇愛の最も激しいものの一つだからである。第二七五偈で、「（我が身に刺さった）矢」と呼ばれているものも、この情欲に代表される煩悩のことに他ならない。そして、この偈ではっきりと宣言されている、「矢を抜いて癒す方法を知って」自分は人々にその道を説いているのだから、「この道を行くならば、苦しみをなくすことができるであろう」という、ブッダの確信、これこそが「初転法輪」のときから一貫した、法（ダルマ）を説く際のブッダの信念であったと思われる。

この意味で、私は、現代医療に携わる人たちが、患者の病という苦しみの原因を知り、それを抜いて癒す手技・手法を知るならば、このブッダの信念に学び、それに匹敵する程の確信をもって、患者の抜苦に臨むべきであると願っている。（以上、【私見その①】）

さて、ブッダの教えは、次のように続く。

第二七七偈　「一切の形成されたものは無常である」(諸行無常)と明らかな知慧をもって観るときに、ひとは苦しみから遠ざかり離れる。これこそ人が清らかになる道である。
第二七八偈　「一切の形成されたものは苦しみである」(一切皆苦)と明らかな知慧をもって観るときに、ひとは苦しみから遠ざかり離れる。これこそ人が清らかになる道である。
第二七九偈　「一切の事物は我ならざるものである」(諸法非我)と明らかな知慧をもって観るときに、ひとは苦しみから遠ざかり離れる。これこそ人が清らかになる道である。

この三偈に説かれる、「諸行無常」「一切皆苦」「諸法非我」という「一切」に対する観察が、涅槃へと向かう道、「八正道」を歩む修行者にとって、その道標となる「印」になるという意味で、「三法印」と呼ばれる教えである。

まず、「一切」とは何か、という問題。漢字文化圏では、仏教が入ってくる以前から、「一切」を、「人が作り為すものごと」(有為)と、「人が作り為すのではないものごと」(無為自然)に分けて捉える考え方があった。そのため、仏教の「一切」を二つに分ける捉え方に対しても、漢訳では「有為」と「無為」という語が使われたものと推察されるが、その語義については、仏教では、「有為」とは、「形成されたもの」、何らかの主たる原因と諸条件があって生まれたり存在したものごと、すなわち、縁起したものごとの全てを意味し、この「形成」を人が為したかどうかは、二分類の事由とはならない。したがって、一般的な常識から言えば、「人が作り為すものごと」として捉えられない自然も、諸条件によって形成されている以上、「有為」に分類される。「無為」に分類されるのは、「虚空」と「涅槃」だけである。

漢訳の「諸行無常」「一切皆苦」の主語である「諸行」「一切」は、ここでの原語は「一切の形成されたもの」と和訳される用語であり、「有為」を意味している。「諸法非我」の主語である「諸法」とは、「一切の事物」と和訳されている通り、「有為」も「無為」も含めた、文字通りの「一切」合切である。「法」はここでは「真理」の意味ではなく、事物、ものごと、の意味。仏教の教えに詳しい人は、「諸法非我」は耳慣れない、「諸法無我」ではないのか、と思うかもしれない。しかし前述の通り、ブッダその人の教えでは、我＝アートマンは存在しないとは、説かれていない。「あれも、これも、我に非ず」、つまり、通常、私たちが、これが私だ、私のものだと漠然と思い、「私が」行動する、「私の」考えだ、などというときの主体として想定している「私」は、多くの場合、この身体（あるいは、器官としての脳）であったり、この心（あるいは、脳の機能に対して想定される認識主体）であったりすると思われるが、それら一切は「我ではない」と説かれているのである。そして、この「非我」の考え方は、インドでは仏教以前の古ウパニシャッドに、ヤージュニャヴァルキャによる「非ず、非ずのアートマン」の所説として伝えられている思考の巡らし方と同類のものである。

さて、涅槃への道である「八正道」の道標となる「三法印」の教えには、それぞれ「〜と明らかな知慧をもって観るときに」という条件が付けられている。当然ながら、ただ漠然と「世の中は無常ではかないものだ」「いつかは死ぬべき存在であるし、すべて苦しいことばかりだ」「この脳の中に私などありはしない」などと感じたり思ったりしたところで、それでは「苦しみから遠ざかり離れる」道は進めない。前掲の『ダンマパダ』第三章の「心」についてのブッダの言葉の中にも、「知慧の武器をもって、（死の）悪魔と戦え」という表現があった。では、この「知慧」（プラジュニャー）は、どうすれば身に備えることが出来るのであろうか。「三法印」の教えに続く三偈には、「八正道」に繋がると思われる具体的なブッダの言葉が集められており、その中、「正定」に係ると思われる第二八二偈で、知慧について説かれる。すなわち、

第二八二偈［中村訳］　実に心が統一されたならば、豊かな知慧が生じる。心が統一されないならば、豊かな知慧がほろびる。生ずることとほろびることとのこの二種の道を知って、豊かな知慧が生ずるように自己をととのえよ。

第二八二偈［藤田訳］　げに　瞑想より英知生じ　瞑想なければ　英知滅ぶ
生存と生存の断滅とのための　この二種の道を知りて
英知の増すがごとく　自己を確立せよ

本邦に根付いている大乗仏教では、アートマンの存在そのものを否定する（あるいは「空」と化してしまう）「無我」の教えが強調して説かれるため、しかも大乗以降は、一般に、「諸法無我」と漢訳される

三法印の教えの直後にこのブッダの言葉が残されていることを考慮してか、二訳者とも、ここで「自己」という訳語を使う。ただし、この原語は、アートマンである。つまり、この偈では、知慧あるいは英知が生ずるようにアートマンをととのえ確立し、心を統一し瞑想して、知慧を身に付けよ、と説かれている。そして、その「明らかな知慧をもって」道標である「三法印」を「観るときに」「人は苦しみから遠ざかり離れる」道を進んで行くことが出来るのだ、と。ととのえられ確立されたアートマン＝我によってこそ、「あれも、これも、我ではない」という「非我」の道標もまた、本当に観ることが出来るのである。その手立ては、「心が統一されたならば」「瞑想より」と和訳されているが、原語は、ヨーガである。すなわち、私の理解で原語を直訳すると、「ヨーガがあれば広慧は生じる」（*yogā ve jāyati bhūrī*）「広慧が増大するように、アートマンに入り込みなさい」（*tath' attānaṃ niveseyya yathā bhūrī pavaḍḍhati*）となる。付言すると、インド仏教の古典文献として、ヨーガという用語が一番古く確認される用例である。

或る意味、乱暴な言い方になるかもしれないが、「真実のアートマンを求めよ。アートマンを確立せよ。あれも、これも、アートマンに非ずと悟れ。そうすれば輪廻の苦しみから解脱することができる」ということである。ただこれだけの言質を取り上げてしまえば、仏教以外のインド古来のバラモン教の一部で説かれていたことと大差ないであろう。では、出家して瞑想の生活を送る「八正道」という解脱に至る方法、瞑想の技術だけが、ブッダ独自の教えなのか。もちろんそうではない。「四諦」の繰り返しの観察という、その瞑想・禅定の中身こそが大事なのである。苦しみの原因を「渇愛」（別の用語では、執着・愛着）と観抜き、瞑想によってその渇愛をなくし、そして苦しみから解脱して赴く先を「涅槃」と見定めたことにこそ、ブッダの教えの真骨頂があるのだと、私は思う。

この第二八二偈に続く三偈には、最初に挙げた第二七三偈の中の、「もろもろの徳のうちでは〈情欲を離れること〉が最もすぐれている」という言葉に繋がると思われる、具体的なブッダの言葉が集められており、その中、第二八五偈には、アートマンへの執着を断ち切れ、涅槃に至る道を痩せさせないよう肥やせ、と説かれる。中村・藤田両訳を挙げる。

第二八五偈［中村訳］　自己の愛執を断ち切れ、——池の水の上に出て来た秋の蓮を手で断ち切るように。静かなやすらぎに至る道を養え。めでたく行きし人（＝仏）は安らぎを説きたもうた。

第二八五偈［藤田訳］　汝は自己への愛情を断ち切れ　秋の蓮を手にて断ち切るがごとくに　寂静の道をのみ育てよ　涅槃は善く行ける者によりて説かれたり

ここまでの話の流れと繋げて、私なりに解釈するならば、ブッダがこの偈で説いていることは、「いくら瞑想を繰り返してアートマンに入り込み、知慧を備えた眼で道標を観て、このブッダの歩んできた『涅槃』への道を進もうとしても、そのアートマンとは、しかじかのものだ、それを求めていると愛着してしまっては、道の養分を吸い取り、やがてこの道は痩せていって、もはや踏みしめて進める道ではなくなってしまうのだ。だから、アートマンへの愛着を断ち切れ」という意味になる。アートマンが在るとか無いとか、どういうものだとか言うのではなく——心を城廓のように堅固に安立して、知慧を武器として死魔と戦うのも、「八正道」を歩んで「涅槃」に赴くのも、もし主体があるとすればアートマンしかあり得ないと私には思われ、後代の大乗仏教の流れの中で「空」や「唯識」の思想が登場するまでは、アートマンは在ると言葉にはせずに考えられていたと理解するべきと思うのであるが、ともかくも——、アートマンへの愛着を断ち切れという、この教えこそが、仏教の最も仏教らしい、大切な教えなのである。

そして、この『ダンマパダ』「道」の章は、次に挙げる二偈で終わる。中村元訳を挙げる。

第二八八偈　子も救うことができない。父も親戚もまた救うことができない。死に捉えられた者を、親族も救い得る能力がない。

第二八九偈　心ある人はこの道理を知って、戒律をまもり、すみやかにニルヴァーナ（涅槃）に至る道を清くせよ。

この最終二偈の内容には、「心」の章、最後の第四三偈に通じるものがある。この二偈を参考にして考えれば、第四三偈の、「正しく向けられた心」が成し遂げる、親族にも出来ない善きこととは、涅槃への道を導いてくれる、という意味となろう。まとめて言えば、「直く」「正しく向けられた心」は、

「八正道」という、「涅槃」に至る道で、修行者自身を涅槃へと真直ぐに導く心であって、瞑想を繰り返すことでアートマンに入り込み、そこで得られる知慧なしには、養うことが出来ない心であるということになる。しかも、その心をもってしても、アートマンへの愛着を断つことが出来なければ、「涅槃」への道は途絶えてしまう。

以上、心とは、そもそもブッダの教えにおいて、どのように捉えられているのか、その基本的な視座について、『ダンマパダ』の「心」と「道」の章を紹介しながら、特に「直く」「正しく向けられた心」と、それを得るために必要な知慧、さらにその知慧を得るための瞑想、アートマンに入り込むヨーガについて述べてきた。この心は、その形成要素が、通常、一方方向に一度きり、あるいは、一つの要素が完全に達成されてから次の要素に転移することをもってそれを達成して、次いで完全円満な心に至るという訳ではない。思索を深め続ける瞑想を繰り返す修行者の実践の中で、全ての要素が連動しながら繋がり合い、段々と全ての心的形成要素が深まっていくと考えるべきであろう。

(二)『ダンマパダ』第二八二偈の教え――「我に入り込め」

「アートマン＝我に入り込め」という教説、前述の「道」の章の第二八二偈について、その教えが説かれた背景も含め、『ダンマパダ』の最新の研究書、片山一良『ダンマパダ全詩解説――仏祖に学ぶひとすじの道』(二〇〇九年)に学びつつ考えてみたい。本書は、『ダンマパダ』全四二三偈に渡って、その言葉をブッダが説いた時の状況、背景が分かるものについて、西暦四〇〇年代のパーリ語仏教圏・セイロン島の学匠、ブッダゴーサが拾い集めて、それぞれの偈の因縁譚としてまとめ挙げた伝承を、現代語に訳し、その教えの内容と、道元禅師（一二〇〇〜一二五三）が残した言葉に通底する仏教の教えの肝要を考究したものである。その中では、第二八二偈は次の様に訳されている。

第二八二偈　瞑想あれば智慧生じ　瞑想なければ智慧滅す
生じることと滅することの　この二種の道を知り
智慧が増大するように　自己を確立するがよい

そして、この偈の因縁譚が、次のように紹介される（同書三五六〜三五七頁から引用）。なお、傍線部は、本節で論述する箇所である。

第二八二偈　因縁譚

この法は、仏が、ジェータ林のアナータピンディカ僧院（祇園精舎）に住んでおられたとき、ポッティラ長老について説かれたものである。

伝えによれば、かれは七仏の教えのもとで三蔵に精通し、五百人の比丘に法を説いていた。しかし、かれには自ら苦を離れようとする心がなかった。そこで、仏はかれに「畏怖の念を起させよう」とお考えになり、それ以来、かれが挨拶に来ると、「坐りなさい、空虚なポッティラよ。行きなさい、空虚なポッティラよ」などと言われた。かれは考えた。「私は三蔵と註釈に通じ、十八の大集団にも法を説いている。しかし、仏はいつも私のことを『空虚なポッティラよ』と言われる。きっと私が瞑想（禅定《ぜんじょう》）などを得ていないからこのように言われるのだ」と。かれは畏怖の念を起こし、沙門の法を実践しようと、三十人の漏尽《ろじん》長老が住む森の住処に入っていった。

そして、かれらに近づき、瞑想の指導を頼んだ。すると大長老は、「この者は学問のために慢心がある」と思い、かれを副長老のもとへ遣わした。しかし、副長老もこれを断り、つぎの長老のもとへかれを遣わした。このようにして、かれは全員のもとへつぎつぎに遣わされた。それはかれの慢心を取り除くためであった。最後にかれは、七歳で阿羅漢になった最年少の沙弥《しゃみ》のもとへ遣わされ、こう言った。「善き人よ、私を指導してください」と。「師よ、何を言われます。あなたさまは多聞《たもん》（博学）のお方です。私こそ教えていただかなければなりません」。「善き人よ、そうではありません。私を指導してください」と。「では、尊者よ、もしあなたさまが私の指示に耐えることができますなら、あなたさまをご指導いたしましょう」。「善き人よ、『火に飛び込め』と言われたならば、私は火にも飛び込みます」と。そこで沙弥は、長老が高価な二重の衣を着けているのを観察し、近くの池を指差して言った。「尊者よ、衣を着けたまま、この池の中にお入りください」と。かれはその一言で水に入った。かれの衣の端が水に濡れたとき、沙弥は言った。「尊者よ、お戻りください」と。その一言でかれは戻ってきた。

そこで、沙弥はかれに言った。「尊者よ、たとえば、六つの穴のある一つの蟻塚に一匹のイグアナ（大蜥蜴《おおとかげ》）が入っているとします。それを捕まえようとする者は、五の穴を閉じ、残りの一つの穴を壊し、穴に入って捕まえます。ちょうどそのように、あなたさまも六門の所縁に対し、五門を閉じ、残りの意門に業を置くことです」と。多聞の比丘は、この言葉だけで灯明のように輝いた。かれは業によって生じた身に智を傾け、沙門の法に励んだ。仏は遠くに坐ってそのかれをご覧になり、かれと語り合っているかのように、この偈を唱えられた。この説示の終わりに、長老は阿羅漢果を得たという。これが法句二八二の因縁話である。

傍線を付した箇所は、この因縁譚の中で重要と考える箇所である。まず、そもそも苦しみを知って、その苦しみから、自ら逃れたいという心がない者に、「仏法」たるブッダの教えは無意味であること、裏返せば、修行者として、そのような者は空虚であること。苦しみの所在を知り、その苦しみから自ら逃れたいという心を持ち、このままでは逃れられないという畏怖の念を抱き、そして、教えを請わねば意味がない、という点である。

この因縁譚は、我が身の老いや死の問題に直面した（家族も含む）患者側が、医療者に相対するときに、ととのえ確立すべき心を考える上で、大変参考になると私には思われる。老いて病に苦しめられることは、苦しいに決まっているではないかと思われるかもしれない。しかしながら、本当の苦しみの所在、自分にとって本当に一番苦しいことは何なのかを見極め、自ら知ることは、実は、大変難しいことだと私は感じている。その上で、心底から、その苦しみから逃れたいと願い、そのためにこそ医療者に相対しているのだという明瞭な思いを持つこと、換言すれば、「生命倫理の四原則」の中で言及した、医療者側が尊重する「自律」した患者の意思を持つこと、そうして自分自身の命と向き合わなければ、いくら医療者が専門職としての確信を持って（終末期の医療も含む）治療に当たろうとしても、無意味になり、医療者に相対する患者として、空虚な存在になってしまう。この意味で、一番苦しいことは何なのかを知ることこそが、現代医療に向き合うときの大事な心である。本当に安んじて落ち着けるところは何処なのかを自覚せんとする思いの心である。（以上、【私見その②】）

さて、傍線を付した「六門の所縁」とは、眼・耳・鼻・舌・身（皮膚）・意なる認識機能の働く内的な場である感覚器官それぞれに対しての外的な対象のこと。次に、「五門を閉じ、残りの意門に業を置く」という表現と、最後に傍線を付した「業によって生じた身に智を傾け」は、第二八二偈自体の「自己を確立するがよい」（片山訳。本節の訳で「我に入り込め」）という教えの中身や、そのために実践すべき瞑想の中身にも係る、難しい表現である。まず前者の傍線部について、共通する要素があると思われる教えが、『ダンマパダ』の「自己」の章（第一五七偈～第一六六偈）の最終偈、第一六六偈に残されているので、以下に、片山前掲書（二三八～二三九頁）より引用して紹介し、合わせて考えてみたい。

第一六六偈　他者のために大事でも　自己の目的を失うなかれ
自己の目的をよく知って　自身の目的に専念すべし

第一六六偈　因縁譚

この法は、仏が、ジェータ林（祇園精舎）に住んでおられたとき、アッタダッタ（自己の目的）長老について説かれたものである。

仏は、入滅（般涅槃《はつねはん》）にあたり、「私は今から四か月後に入滅します」と言われた。凡夫《ぼんぷ》の比丘たちは驚愕し、震え、仏のそばを離れることができず、「友よ、われわれはどうすればいいのか」と相談し合った。しかし長老は、「自分はまだ貪りを離れていない。仏がご在世のうちに、阿羅漢果を得るために修行し努力しよう」と考え、比丘たちのもとへ行かなかった。すると比丘たちは、「友よ、あなたはなぜわれわれのところへ来ないのですか。何を考えているのです」と言って、かれを仏のもとへ連れていった。仏はかれの考えを聞き、かれを称賛された。「比丘たちよ、もし私に対して愛情があるならば、このアッタダッタのようにすべきです。香などによって供養しても、私を供養することになりません。法の実践に努めてこそ、私を供養することになるのです」と。そしてこの法を説かれ、かれは阿羅漢になったという。これが法句一六六の因縁話である。

『ダンマパダ』「自己」の章自体には、「アートマンに入り込め」という教えは出て来ないが、この第一六六偈因縁譚の紹介に続いて、おそらく片山一良氏が仏教の自己についての教えの総括として捉えられている見解が、次のように述べられる。意を同じくする者の一人として引用する（同書二三九～二四〇頁）。

自己を調えるとは、我を、吾我を、我執を、執着を離れることにほかならない。
「仏道をならふといふは、自己をならふ也。自己をならふといふは、自己をわするゝなり。自己をわするゝといふは、万法に証せらるゝなり。万法に証せらるゝといふは、自己の身心《しんじん》および他己《たこ》の身心をして脱落《だつらく》せしむるなり」（道元『正法眼蔵』「現成公案」）
仏の教えも祖師の道もここに尽きている。

以上のように、第一六六偈をもって「自己」の章は終わる。このようにして、瞑想を深めながら心を直くし、正しく向けていくこと、これが第二八二偈自体の「アートマンに入り込め」の意味であると私は考える。「五門を閉じる」のは、欲望を離れるため、捨てるためである。瞑想が深まれば、おそらく究極的には、そうして入り込み、自覚したアートマン＝我であっても、そのアートマンに執着してはならないアートマンは「非我」の瞑想によってのみ自覚されるのであって、アートマンとはしかじかのもの、として求めたり執着してはならない。そのアートマンへの執着という渇愛が、また新たな苦しみの存在を作る、という洞察にまで至る。

次に、第二八二偈因縁譚の、最後に傍線を付した「業によって生じた身に智を傾け」という表現について、この因縁譚全体の、苦を知って、身に智を傾けて瞑想し、覚知に至るという、大まかな流れとも類似したブッダの言葉が、『ダンマパダ』「老いの章」（第一四六偈〜第一五六偈）の中、第一五三偈・第一五四偈に残されているので、以下同様に、片山前掲書（二二一～二二三頁）より引用し、考えてみたい。

第一五三偈　家の作者を探し求め　幾度も生まれ、輪廻《りんね》の中を
得ることもなく、さ迷った　再三再四の生まれは苦なり
第一五四偈　家の作者よ、お前は見られた　二度と家を作りえず
お前の垂木《たるき》はすべて折れ　棟木《むなぎ》も破壊されている
心はすでに無作《むさ》にいたり　渇愛《かつあい》の滅に到達す

第一五三偈・一五四偈　因縁譚
この法は、仏が、菩提樹下《ぼだいじゅげ》に坐り、感嘆の言葉（ウダーナ）を発せられ、後にアーナンダ長老にそれを問われて説かれたものである。

かのお方は、菩提樹下に坐り、太陽が沈む直前に魔の力を砕き、夜の初分に過去の生存を覆っている闇を破り、夜の中分に天眼《てんげん》を浄められた。そして夜の後分に、生けるものたちへの憐れみによって縁相に対する智を得、順逆によって思惟《しゆい》し、太陽が昇るとき、正自覚を完成された。そして、何十万という仏によって放棄されたことがない感嘆の言葉を発しつつ、これらの偈を唱えられた。

これが法句一五三～一五四の因縁話である。

第一五三偈・一五四偈の教えに対する解説（片山同書の《教え》）

この二偈は仏成道のときの、つまり仏となられて最初に発せられた言葉であるとされている。私（釈尊）はこの自体という家の作者である渇愛という棟梁を探し求め、菩提の智のために、ディーパンカラ仏（燃灯仏《ねんとうぶつ》、過去二十五仏の第一仏、過去二十八仏の第四仏）のもとで誓願を起こし、これだけの長い間、幾度も生まれ変わった。幾十万生というこの輪廻輪転において、その智を見ることもなく、得ることもなく、さ迷い続けた。老・病・死に結ばれ、再三再四、生まれることは実に苦である。その智が見られない限り、生まれは消えることがない。それゆえ、それを求めて経巡った。

しかし、今やお前は一切知智を得たこの私によって洞察され、見られた。お前は二度とこの輪廻輪転において、自体と称する五蘊という私の家を作りえない。お前の残りの煩悩という垂木はすべて折れ、お前によって作られたこの家の、無明と称する棟木も、私によって破壊されている。今や私の心は、無作という無欲の涅槃《ねはん》を所縁にして、進み入り、渇愛の滅と称される阿羅漢果に達している、と。「無作」とは「欲によって作られないもの」をいう。

この「老い」の章の第一五四偈とその因縁譚・片山解説を参考にして、第二八二偈因縁譚の傍線部「業によって生じた身に智を傾け」という表現について考える。まず、第一五四偈の解説中で傍線を付した「自体と称する五蘊」の「五蘊」の教説について、「人」という呼称の対象である生き物存在（サットヴァ）の分析をテーマとした「人経」（マーヌシュヤカスートラ）からまとめてみる（漢訳『雑阿含』

第三〇八経などを参照。漢訳仏教用語やサンスクリット原語を補っての訳は、筆者による）。

眼と見えるもの（「色」）を縁として、眼による識別（「識」）が生じる。この三者の和合が、接触（「触」）である。接触と同時に生じたものが、感受（「受」）・観念形成（「想」）・行為意思（「行」）である。以上これらの四つ（識・受・想・行）の目には見えない集まり（「無色の四蘊」）と、視覚器官という目に見えるもの（色）と（以上、五つに括った集まりの「五蘊」）これだけの限りのものが、人と言われる。

以下、「人経」の内容を要約すると、

この「五蘊」に対して、「生き物」（サットヴァ）、「人間」（マヌシュヤ）、あるいは「人格」（プドガラ）などという名付け（「想」）がある。また、「私が眼で諸々の物を見る」という主張（「識」）がある。また、人の属性や行為を表す際に、「彼はしかじかの名前で、彼はしかじかの物を食べ、しかじかの楽・苦を感受する（「受」）などの言い慣わし（「言説」、広義の行為意思＝「行」）がある。これら一切の存在要素（ダルマ、「法」）は、無常であり、作られたもの、意思されたものであり、縁起したものなのである。

さてここで、第一五三偈、第一五四偈の「家」とは、前掲解説文中の傍線部通り、この「五蘊なる自体」のこと。換言すれば、「人経」で説かれる「人」のすべてである。目に見える五つの感覚器官（を備えた、普通の意味での身体）を除けば、心とその働きということになる。この身体と、心とその働きである、私「自体」が、「家」と比喩的に表現されている。ブッダはまず、その「自体」を作り出す作者を知らずに、再三再四生まれてくる輪廻を、「苦」であると見極める。そして、老・病・死に結ばれた、その苦しみの生存を繰り返し作り出している作者を探し求めて、幾十万生もの輪廻転生を経て、ついに成道の時、その作者が「渇愛」であると洞察し、「渇愛」を見たという。こうして知慧の眼をもって「渇愛」を見たということは、そのブッダの心が、「渇愛」を滅していることを意味している。したがって、もはや根源の原因である渇愛が存在しないのであるから、今生の生存が終われば、もう二度と渇愛が私「自体」を作ることは出来ない、換言すれば、私の心は「無作」、つまり欲によって作られないものとなっているから、「もう二度とこの苦しみの生存を受けることはない」という覚知、阿羅漢果を得ている、というのである。ただし、このような覚知を得たからと言って、今生のブッダの私「自体」が無くなるというわけでは、無論、ない。成道後もブッダという「人」は生き続け、ブッダの身体、心は、働き続けていくのであるから。その生涯の間は、何らかの行為を為し続ける以上、渇愛は滅しても何らかの意思――「あらゆる生き物存在が、苦しみから脱（のが）れてあれかし」という「大悲」の思願――を持ち続け、したがって、その結果としての身心は、一瞬一瞬作られ続けていく。すでに言及したように、「識」という側面の心が身体を離れ、入滅して涅槃に入るまでは。

第二八二偈因縁譚の傍線部「業によって生じた身に智を傾け」という表現の中の「身」とは、この

「五蘊に他ならない自体」を意味している。「業」とはこの場合、瞑想という、他の五門を閉じて意によって意に対して行われる行為を意味している。たとえ瞑想であっても、そこには行為意欲があり、ける、「自体」は作られ続ける。換言すれば、身心は作られ続け、働き続ける。では、そのようにして生じ続ける、「瞑想によって生じた五蘊に他ならない身」に、「智を傾け」るとは、何を意味しているのか。ブッダ成道時の感嘆の言葉、第一五三偈・第一五四偈の因縁譚に、ブッダ自身が成道に至った時の瞑想内容について伝承されているように、瞑想の内容は、苦しみを生む原因結果の連鎖と、その滅の原因結果の連鎖を、順逆に観察することであった。この脈絡で、「瞑想によって生じた五蘊に他ならない身に智を傾け」て、更に瞑想するということを考えてみると、するとまた、「人経」の五蘊の教説が、考察の助けとなる。冒頭、「眼と見えるものを縁として、眼による識別（「識」）が生じる」との言葉から明らかなように五蘊は縁起、つまり原因と結果の連鎖として説かれている。「人経」を要約した末尾では、「これら一切の存在要素は、無常であり、作られたもの、意思されたものであり、縁起したものなのである」と説かれる。

このように縁起して生ずる五蘊という身の存在要素の生起と滅を、順に有の連鎖として、「Aがあるから B がある、B があるから C がある…」「E があるのは D があるから…」、逆に滅の連鎖として、「Aが滅すれば B は滅する、…」「E を滅するためには D を滅する…」と観察すること、それが差し当たり「五蘊という身」を対象として瞑想するということになるであろう。しかし、すぐに気が付くように、瞑想も意的な行為であるから、そのようにただ観察してみても、実際に生起の滅を確信出来るはずはない。ここで、大切だと思われるのは、この五蘊なる身に、「智を傾ける」ということである。「智」とは、第二八二偈の教えにも、第一五四偈の因縁譚にもあるように、こうした瞑想を繰り返すことによって、苦しみの究極的な原因が「渇愛」であることを真に観ることが出来るようになった知慧の眼のことであろう。そして、五蘊なる身＝自体に、「智を傾ける」とは、渇愛の中でも最も捨てがたい「アートマンへの愛着」、すなわち、「我執」を捨てることに他ならない。ここでもまた、「人経」と、すでに述べた「八正道」の道標たる「三法印」の教え、すなわち、「諸行無常」「一切皆苦」「諸法非我」が、考察の助けとなる。繰り返しになるが、「人経」において、「これら一切の存在要素は、無常であり、作られたもの、意思されたものであり、縁起したものなのである」との教説が伝えられる。ここに少し補って、「これら一切の、身心とその働きである存在要素は、それらが瞑想行為によって生じたものであっても、無常であり、究極的には心にある渇愛によって作られたものであり、意思されたものであり、縁起したものに過ぎないのである。これらの一切の存在要素は、アートマン＝我ではない非我なのだから、そのような身心やその働きを我だと思って、執着してはならない」と読み込んでみたい。これが、「業によって生じた身に智を傾け」る瞑想の意味であるというのが、現時点での私の理解である。そして、これが、第二八二偈の「我に入り込め」の意味であると考えている。

結びに代えて

現代医療と向き合うとき、『ダンマパダ』に伝わるブッダの教説が、今に生きる私たちの心に響くか否か、私たちは見つめ考え続けなければならない。死すべき者として生まれた、生き物に通底する苦しみを悲しむ心、換言すれば、ブッダが抱いた「大悲」の思願、すなわち、苦しみから解脱して安楽に至る道を、確信を持って説き、救える人を救いたいという思願を、私たちは我が心に起ち上げることができるであろうか、と。医療者たちは、患者たちが、何が本当に一番に苦しくて、どこから逃れたいと思っているかを見極め、その思いが倫理的に認め得るか否かを見極め、合意した医療行為によって救える人々を救う。その際、できれば複数の医療関係者で、知慧を絞って話し合う。そして、患者側の人たちは、本当に一番苦しいことは何なのか、何から逃れたいと欲しているのか、それをまず見つめ、自覚する。この苦しんでいる、死にたくはない、と思っている私は、本当の自分なのかと自問してみる。それは、仏道修業者であってもなくても、大変難しいことではあるが、仏教者として現代医療に立ち向かうには、そのように、怠ることなく努めること、それしか道はないように思われる。

参照ウェブサイト（なお、最終閲覧日は、令和元年九月末日）

（1）平成三十年度末までに掲載された医療機器の安全対策に関する通知などは、【https://www.pmda.go.jp/safety/info-services/devices/0001.html】を参照すれば、平成十三年三月（医薬発第一九六号）以降から知ることが出来る。そして、「安全対策に関する通知等（医療機器）」の情報は、今も日々更新されている。

（2）詳しくは、厚生労働省のウェブサイト、【https://www.mhlw.go.jp/stf/seisakunitsuite/bunya/0000163417.html】を参照。

（3）【https://www.mhlw.go.jp/content/10800000/000429043.pdf】参照。

（4）詳しくは、文部科学省のウェブサイト、【http://www.mext.go.jp/b_menu/houdou/28/09/1377581.htm】、【http://www.mext.go.

jp/b_menu/houdou/29/02/1382725.htm】、並びに、厚生労働省の【http://www.mhlw.go.jp/file/06-Seisakujouhou-10600000-Daijinkanboukouseikagakuka/0000153339.pdf】、【http://www.mhlw.go.jp/file/06-Seisakujouhou-10600000-Daijinkanboukouseikagakuka/0000153405.pdf】、及び「医学研究に関する指針一覧」のページ【https://www.mhlw.go.jp/stf/seisakunitsuite/bunya/hokabunya/kenkyujigyou/i-kenkyu/index.html】などから知ることが出来る。

（5）この情報については、【https://www.mhlw.go.jp/toukei/manual/】を参照。

（6）この点について、詳しくは、浄土真宗本願寺派社会部「ビハーラ活動二〇年総括書」、【http://social.hongwanji.or.jp/html/c11p9_05.html】の中、「ビハーラ二十年の歩み（三）ビハーラ活動の現状分析」を参照していただきたい。

（7）「龍谷大学におけるビハーラ活動者養成の試み」、【http://social.hongwanji.or.jp/html/c11p7_12.html】を参照。

（8）【http://sicj.or.jp/uploads/2017/11/kyoiku_program_kisoku.pdf】参照。

（9）【https://www.hpcj.org/】参照。

（10）【http://www.jspm.ne.jp/】、並びに、【https://www.jspm.ne.jp/nintei/senmon/senmoni_qanda.pdf】を参照。

（11）現在の情報については、【http://fumon.jp/medical/】を参照いただきたい。また、NHKのクローズアップ現代、二〇一六年八月二十五日放送分「〝穏やかな死〟を迎えたい～医療と宗教　新たな試み～」のアーカイブ映像、【https://www.nhk.or.jp/gendai/articles/3853/1.html】をご覧いただきたい。

（12）現在の情報については、【http://www.sutokukai.or.jp/nagaokanishi-hp/service/vihara.html】を、また併せて、創設当初からのビハーラ僧の一人、木曽隆志の「私がビハーラ活動を始めた訳」（【http://www.tyoueji.com/houwa/】の中で紹介される法話の一つ）も参照していただきたい。

（13）現在の情報については、【http://www.asokavihara.jp/】を参照いただきたい。

（14）【http://kokoro.kyoto-u.ac.jp/jp/event/20120124-2.pdf】参照。

（15）【http://kokoro.kyoto-u.ac.jp/jp/eqmirai/20120224eqpro.pdf】参照。

（16）それぞれの点については、【http://sicj.or.jp/uploads/2017/11/teikan20170227.pdf】、【http://sicj.or.jp/uploads/2017/11/program_list.pdf】を参照。

（17）詳しくは、全日本仏教会のウェブサイト（【www.jbf.ne.jp/】）から、「事業・活動」、「広報活動」、「広報活動」「機関紙『全仏』過去号」（の中、第六三三号　検索）と進み当該号を検索していただきたい。

（18）この授業風景の一コマは、産経ＷＥＳＴ、「終末期がん患者をどう支えるか―医学生と宗教者が「死」を考える」（【https:

//www.sankei.com/west/news/171204/wst1712040037-n3.html】）で見ることが出来る。

（19）【https : //www.aamc.org/download/492708/data/learningobjectivesformedicalstudenteducation.pdf】を参照。

参考文献

第一章　瞑想のダイナミズム（本文で直接言及しなかったものも含む）

荒木（一九六九）　荒木見悟『大慧書』（禅の語録一七）、筑摩書房

池田（一九九六）　池田魯参『詳解摩訶止観』、大蔵出版

石田（一九九二）　石田秀美『中国医学思想史──もう一つの医学』、東京大学出版会

小川（二〇〇七a）　小川隆『神会　敦煌文献と初期の禅宗史』（唐代の禅僧Ⅱ）、臨川書店

小川（二〇〇七b）　同『語録のことば　唐代の禅』、禅文化研究所

小川（二〇一〇a）　同「鉄酸餡」『臨済宗妙心寺派教学研究紀要』八

小川（二〇一〇b）　同『続　語録のことば　「碧巌録」と宋代の禅』、禅文化研究所

小川（二〇一一）　同『語録の思想史──中国禅の研究』、岩波書店

小川（二〇一五）　同『禅思想史講義』、春秋社

貝谷ほか（二〇一六）　貝谷久宣・熊野宏昭・越川房子（編）『マインドフルネス──基礎と実践』、日本評論社

片山（二〇〇八）　片山一良『ブッダのことば──パーリ仏典入門』、大法輪閣

片山（二〇一二）　同『パーリ仏典にブッダの禅定を学ぶ──『大念処経』を読む』、大法輪閣

熊野（二〇一六）　熊野宏昭『実践！　マインドフルネス──今この瞬間に気づき青空を感じるレッスン』、サンガ

佐々木（二〇一五）　佐々木有一『近代の念仏聖者　山崎弁栄』、春秋社

下田（一九八五）　下田正弘「四念処における不浄観の問題」、『印仏研』三三―二

関口（一九五四）　関口真大『天台小止観の研究』、山喜房仏書林

高田（一九六七）　高田修『仏像の起源』、岩波書店

田村（一九九二）　田村晃祐『最澄教学の研究』、春秋社

中村（一九七五）　中村元「原始仏教における止観」、関口真大（編）『止観の研究』、岩波書店

林（二〇一九）　林隆嗣「意識を向けていること、じゅうぶんに理解していること」、『こども教育宝仙大学紀要』一〇

船山（二〇〇四）　船山徹「瞑想の実践における分別知の意義――カマラシーラの場合」、神子上恵生教授頌寿記念論集『インド哲学仏教思想論集』、永田文昌堂

プラポンサック（二〇〇七）　K・プラポンサック「Nikāya における止観の研究」、『龍谷大学大学院文学研究科紀要』二九、龍谷大学大学院文学研究科紀要編集委員会

プラポンサック（二〇〇九）　同「〈止行者と観行者〉と〈定〉について」、『パーリ学仏教文化学』二三、パーリ学仏教文化学会

プラポンサック（二〇一〇）　同「現代タイ仏教における止観の実践法」、『パーリ学仏教文化学』二四、パーリ学仏教文化学会

プラポンサック（二〇一一）　同「後代パーリ文献における止観」、『仏教学研究』六五、龍谷仏教学会

マクレー（二〇一二）　ジョン・R・マクレー・小川隆（解説）『虚構ゆえの真実――新中国禅宗史』、大蔵出版

松本（一九〇七）　松本文三郎「印度の聖人」、『叡山講演集』、大阪朝日新聞社、十一月十日発行、青空文庫に収載（URL : http : //www.aozora.or.jp/）

蓑輪（二〇〇三） 蓑輪顕量「「坐禅三昧経」における修行道」、木村清孝監修『仏教の修行法』阿部慈園博士追悼論集、春秋社

蓑輪（二〇〇八） 同『仏教瞑想論』、春秋社

蓑輪（二〇一三） 同「良遍の『真心要決』と禅」、『印仏研』六一―二

蓑輪（二〇一四） 同（監修）『仏教瞑想ガイドブック』、サンガ

蓑輪（二〇一五） 同『日本仏教史』、春秋社

山口（二〇一〇） 山口瑞鳳『評説 インド仏教哲学史』、岩波書店

山辺（二〇一一） 山辺能宣「大乗仏教の禅定実践」、高崎直道監修『大乗仏教の実践』（シリーズ大乗仏教3）、春秋社

Bronkhorst（2000） Bronkhorst, Johannnes, *The Two Traditions of Meditation in Ancient India*, Second edition: Delhi: Motilal Banarsidass. 1993.（Reprint: 2000.）

Gethin（2001） Gethin R. M. L., *The Buddhist Path to Awakening*, Brill, 1992.（Reprint, oneworld, 2001.）

Green（2014） Green, Eric. M., "Healing Breaths and Rotting Bones: On the Relationship Between Buddhist and Chinese Meditation Practices During the Eastern Han and Three Kingdoms Period," *Journal of Chinese Religions*, 42, 2, November, 2014.

Gyana（2001） Gyana ratna Thera; *The Way of Practicing Meditation in Theravada Buddhism*, Sankibobusshorin, 2001, Tokyo.

Theeratach（1989） Ven. Phra Dhamma Theerarach Mahamuni; *The Path to Nibbana*, Vipassanā Center, Section 5, Mahadhatu Monastery, Bangkok 10200, Thailand, Eight Edition, 1989.

第二章　ブータンの実践仏教

今枝（二〇〇三）　今枝由郎『ブータン中世史――ドゥク派政権の成立と変遷』、大東出版社
今枝（二〇〇八）　同『ブータンに魅せられて』、岩波書店
今枝（二〇一三）　同『ブータン――変貌するヒマラヤの仏教王国』（新装増補版）、大東出版社
今枝（二〇一七）　同「仏教と戦争――第四代国王の場合」、熊谷誠慈（編）『ブータン――国民の幸せをめざす王国』、創元社、六八―八五頁。

大橋（二〇一〇）　大橋照枝「ブータンのGNH（Gross National Happiness：国民総幸福）の算出手法とHSM（Human Satisfaction Measure：人間満足度尺度）のVer.6の開発」、『麗澤経済研究』一八―二、一七―四三頁。

熊谷（二〇一四a）　熊谷誠慈「ブータンにおけるサキャ派仏教」、『ヒマラヤ学誌』第一五巻、八二―九二頁。

熊谷（二〇一四b）　同「ブータンにおける仏教と国民総幸福（GNH）」、『宗教研究』三八〇、二五―五二頁。

熊谷（二〇一七a）　同「ドゥク派開祖ツァンパ・ギャレー（1161-1211）の伝記研究：ブータン仏教のルーツ」、『チベット・ヒマラヤ文明の歴史的展開』、京都大学人文科学研究所、二七九―三〇九頁。

熊谷（二〇一七b）　熊谷誠慈（編）『ブータン――国民の幸せをめざす王国』、創元社。

西田ほか（二〇一八）　西田愛・今枝由郎・熊谷誠慈（訳）「中央ブータンの守護尊・ケープ・ルンツェンの法要儀軌（翻訳編）」、『ヒマラヤ学誌』一九、四九―五八頁。

根本（二〇一二）　根本かおる『ブータン――「幸福な国」の不都合な真実』、河出書房新社

本林・高橋（二〇一三）　本林靖久・高橋孝郎『ブータンで本当の幸せについて考えてみました。――「足るを知る」と経済成長は両立するのだろうか？』、阪急コミュニケーションズ

Alkire *et al.*（2008）　Alkire, Sabina, Maria Emma Santos, and Karma Ura, *Gross National Happiness and Poverty in Bhutan: Applying the GNH Index Methodology to explore Poverty*（http : //www.ophi.org.uk/wp-content/uploads/OPHI-RP-4a.pdf）, 2008.

Aris（1979）　Aris, Michae, *Bhutan: the Early History of a Himalayan Kingdom*, Warminster: Aris & Phillips Ltd., 1979.

Fischer and Tashi（2009）　Fischer, Tim and Tshering Tashi, *Bold Bhutan Beckons*, Brisbane: CopyRight Publishing, 2009.

Kumagai（2012）　Id., Gawa Thupten and Akinori Yasuda: “Introduction to the Collected Works of the Founder of the *Drukpa Kagyu*（*’Brug pa bKa’ brgyud*）School: Tsangpa Gyare（gTsang pa rgya ras, 1161–1211）,” *Buddhism Without Borders: Proceedings of the International Conference on Globalized Buddhism, Bumthang, Bhutan May 21–23, 2012*, Thimphu: Centre for Bhutan Studies, 2012, pp. 36–52.

Kumagai *et al.*（2018）　Kumagai, Seiji, “Introduction to the Biographies of Tsangpa Gyare（1161–1211）, Founder of the Drukpa Kagyu School,” in Seiji Kumagai（ed.）*Buddhism, Culture and Society in Bhutan, Kathmandu*: Vajra Publications, 2018, pp. 9–34.

Tashi（2004）　Tashi, Khemp Phuntsok, “The Role of Buddhism in Achieving Gross National Happiness,” in Ura & Galay（2004）Karma Ura & Karma Galay（eds.）, *Gross National Happiness and Development, Thimphu*: Centre for Bhutan Studies, 2004, pp. 483–495.

Thinley (2007)　Thinley, jigmi Y., "What is Gross National Happiness?," *Rethinking Development, Proceedings of Second International Conference on Gross National Happiness*, Thimphu: The Centre for Bhutan Studies, 2007.

Ura and Galay (2004)　Ura, Karma and Karma Galay, *Gross National Happiness and Development*, Thimphu: Centre for Bhutan Studies, 2004.

Wangchhuk (2008)　Wangchhuk, Lyly, *Facts about Bhutan: The land of the Thunder Dragon*, Thimphu: Absolute Bhutan Books, 2008.

第三章　現代医療と向き合う

相澤・川又（二〇一九）　相澤秀生・川又俊則（編）『岐路に立つ仏教寺院——曹洞宗宗勢総合調査二〇一五年を中心に』、法藏館。

鵜飼（二〇一五）　鵜飼秀徳『寺院消滅——失われる「地方」と「宗教」』、日経ＢＰ社。

金子（二〇〇五）　金子昭『驚異の仏教ボランティア——台湾の社会参画仏教「慈済会」』、白馬社。

鮫島ほか（二〇一八）　鮫島輝美・小澤千晶・早島理「仏教思想が看護学に問いかけるもの——本学の看護学科における仏教の授業の歩みから」、『京都光華女子大学京都光華女子大学短期大学部研究紀要』第五六号、八七～一〇二頁。

志賀（二〇一六）　志賀浄邦「台湾仏教・慈済会による慈善活動とその思想的基盤——菩薩行としてのボランティア活動と『人間仏教』の系譜」、『京都産業大学日本文化研究所紀要』第二一号、一九六～二五一頁。

島薗（二〇一三）　島薗進『日本仏教の社会倫理——「正法」理念から考える』、岩波書店。

鈴木ほか（二〇一八）　鈴木岩弓・磯前順一・佐藤弘夫（編）『〈死者／生者〉論――傾聴・鎮魂・翻訳』、ぺりかん社。

長倉（二〇一八）　長倉伯博「コミュニケーションと死生観――改めて医療と仏教の協働を考える」（二〇一七年五月十四日　東本願寺日曜講演録）、『教化研究』第一六二号。

奈良・下田（二〇一〇）　奈良康明・下田正弘（編）『新アジア仏教史03　インドⅢ　仏典からみた仏教世界』、佼成出版社。

林（二〇一四）　林茂一郎「立正佼成会附属病院緩和ケア・ビハーラ病棟の一〇年間――臨床医から見た生老病死」、『中央学術研究所紀要』第四三号、五九～七八頁。

日野原・仁木（二〇〇三）　ウィリアム・オスラー（原著）、日野原重明・仁木久恵（訳）『平静の心――オスラー博士講演集』（新訂増補版）、医学書院。

藤丸（二〇一三）　藤丸智雄『ボランティア僧侶――東日本大震災　被災地の声を聴く』、同文舘出版。

『ダンマパダ』和訳　片山一良『ダンマパダ全詩解説――仏祖に学ぶひとすじの道』、大蔵出版。
中和元『真理のことば　感興のことば』、岩波書店。
藤田宏達『原始仏典七　ブッダの詩Ⅰ』、講談社。

『ダンマパダ』原典　D. von Hinüber and K. R. Norman（ed.）: *DHAMMAPADA*, Oxford, 1994.

図版一覧

第一章
図 1～3　写真：著者撮影

第二章
図 1　「ブータンの地図」『ブータン――国民の幸せをめざす王国』（熊谷誠慈編、創元社、2017）より
図 2～13、16～21　写真：著者撮影
図 14 「祈りに捧げる時間（年代別）」王立ブータン研究所提供
図 15 「祈りに捧げる時間（職業別）」王立ブータン研究所提供
表 1　「ツァンパ・ギャレーの著作ジャンル」著者作成

第三章
図 1　「地域包括ケアシステム」のイメージ図（厚生省【https://www.mhlw.go.jp/stf/seisakunitsuite/bunya/hukushi_kaigo/kaigo_koureisha/chiiki-houkatsu/】並びに「地域包括ケア研究会」の研究事業報告書（平成 28 年 3 月）【https://www.mhlw.go.jp/file/06-Seisakujouhou-12400000-Hokenkyoku/0000126435.pdf】）より
図 2　「生命倫理の四原則と利他主義（Altruism）」著者作成

索　引

第一章〜第三章の語彙を別に載録した。
太字は三章に共通して現れる語彙の頁を示す。

第一章索引

第一章索引

た行

な行

は行

ま行

や、ら、わ行

第二章索引

あ行

か行

さ行

た行

な行

は行

ま、ら、わ行

第三章索引

や、ら行

蓑輪顕量（みのわ　けんりょう）
一九六〇年千葉県生まれ。東京大学大学院人文科学研究科単位取得満期退学。博士（文学）。東京大学人文社会系研究科教授。専門は印度哲学・仏教学。主な著作に、『日本仏教史』（春秋社、二〇一五）、『仏教瞑想論』（春秋社、二〇〇八）、『中世初期南都戒律復興の研究』（法藏館、一九九九）などがある。

熊谷誠慈（くまがい　せいじ）
一九八〇年広島県生まれ。京都大学大学院文学研究科博士課程修了（文学）。京都大学こころの未来研究センター准教授（上廣倫理財団寄付研究部門長）。専門は仏教学・ボン教研究。主な著作に、『ブータン――幸せをめざす王国』（創元社、二〇一七、編著）、The Two Truths in Bon（Vajra Publications, 2011）などがある。

室寺義仁（むろじ　よしひと）
一九五八年京都府生まれ。京都大学大学院文学研究科博士後期課程学修認定修了、ハンブルク大学インド・チベット歴史文化研究所オリエント学専攻博士課程修了（Ph.D.）。滋賀医科大学医学部医学科医療文化学講座（哲学）教授。主な著作に、『『瑜伽師地論』における五位百法対応語ならびに十二支縁起項目語』（山喜房佛書林、二〇一七、編著）「『十地経』（Daśabhūmika-sūtra）の「唯心」（cittamātra）と「大悲」（mahākaruṇā）」（『密教文化』二三六、二〇一六）などがある。

シリーズ実践仏教 V
現代社会の仏教
二〇二〇年五月三十一日　初版発行

編者　船山　徹
著者　蓑輪顕量
　　　熊谷誠慈
　　　室寺義仁
発行者　片岡　敦
印刷製本　亜細亜印刷株式会社

606-8204 京都市左京区田中下柳町八番地
発行所　株式会社 臨川書店
電話（〇七五）七二一―七一一一
郵便振替　〇一〇七〇―二―八〇〇

落丁本・乱丁本はお取替えいたします
定価はカバーに表示してあります

ISBN 978-4-653-04575-5 C0315〔ISBN 978-4-653-04570-0 セット〕

シリーズ実践仏教　刊行の言葉

京都大学人文科学研究所教授　船山　徹

世界の様々な宗教には、心のあり方を重んずる宗教もあれば、体を動かすことをより重視する宗教もある。仏教は、過去の歴史と現在社会において、心の状態を重視しながら、その一方で教えを口で説き示し、体を動かして実践してみせることにも大きな意義を認めている。

本シリーズは実生活や行為と仏教のつながりに目をあてる。仏教の概説書は、思想や教理という抽象的な側面から仏教を照らし出すことが多いだろうが、本シリーズはこれまであまり注目されてこなかった実践行為を取り扱う。

仏教の実践に着目する概説はこれまでもたくさんあった。しかし例えば「インド大乗仏教の瞑想実践」という概説があるとしよう。内容は実践と関係するに違いないだろうが、実際に中身を読んでみると、「具体的な実践」は取り上げず専ら「実践に関する理論」の説明に終始することがよくある。具体的な実践それ自体でなく、実践修行に関する抽象的理論を扱うだけの場合がままあるのだ。このような理論の枠組みに収まりきらないような具体的な事柄をもし主題とするなら、仏教の歴史や現状をどう説明できるだろうか。編者としてわたくしは、まさにこのような視点から『シリーズ実践仏教』を世に問いたい。

本シリーズの第一巻は、菩薩という大乗仏教の理想とする生き方を概説する。第二巻は、長い時間のなかで生きものは輪廻し何度も生まれ変わることの意味を取り上げる。第三巻は深い信仰から仏像や碑文を作る行為を具体的に説き明かす。第四巻は信仰とかかわる写経（経典の書写）の意義と、仏教の娯楽となった芸能や言葉遊びを紹介する。以上が前近代と関係するのに対し、第五巻は現代社会に息づく仏教を三章に分けて扱う。すなわち最初期から重視されつづけてきた瞑想法（精神統制）の今日的発展を扱う章、世界の仏教国の中で独自の価値を示し、注目されているブータン王国の仏教実践を解説する章、そして最後に、現代社会の避けられない課題として長寿のもたらす支援介護のあり方とターミナルケアにおいて仏教が果たす役割を紹介する章である。

本シリーズをきっかけに多くの読者が仏教の歴史と現代的課題に思いを寄せ、様々な形で現れた実践仏教について理解を深めるのに役立てて頂けるならば、編者として望外の喜びである。どの章も読者の目線を考えて分かり易くなるよう入念に執筆されているので、是非ご一読いただきたい。

シリーズ

実践仏教

全5巻

第一巻　菩薩として生きる……船山　徹

第二巻　現世の活動と来世の往生

第一章　律に説かれる宗教活動――インドにおける「行像」……岸野亮示

第二章　往生の秘訣――平安日本の臨終行儀……ジャクリーン・I・ストーン［中山慧輝訳］

第三巻　儀礼と仏像……倉本尚徳

第四巻　教えを信じ、教えを笑う

第一章　写経と仏画――わが身で表す信仰……村田みお

第二章　酒、芸能、遊びと仏教の関係……石井公成

第五巻　現代社会の仏教

第一章　瞑想のダイナミズム――初期仏教から現代へ……蓑輪顕量

第二章　ブータンの実践仏教と国民総幸福（GNH）……熊谷誠慈

第三章　現代医療と向き合う……室寺義仁

船山　徹

FUNAYAMA Toru［編］

二〇二〇年一月刊行開始！

＊構成・内容は変更になる場合もございます。